Karl Oppermann

Die Täler des Taunus

Karl Oppermann

Die Täler des Taunus

ISBN/EAN: 9783743355989

Hergestellt in Europa, USA, Kanada, Australien, Japan

Cover: Foto ©ninafisch / pixelio.de

Manufactured and distributed by brebook publishing software (www.brebook.com)

Karl Oppermann

Die Täler des Taunus

Herrn Professor Dr. Theobald Fischer

in dankbarer Verehrung

gewidmet

von dem Verfasser.

„Taunus ist der Namen, mit welchem jetzt die Wissenschaft die zwischen der Wetterau, dem unteren Main, dem Rhein und der Lahn liegende Berglandschaft bezeichnet..... Jene Berglandschaft, die in ihrem höchsten Theile zum Main abfällt, wird durch zwei Ebenen (die des unteren Mains und der Wetterau), durch eine Thal-Ebene (das Rheingau) und durch zwei enge Stromthäler (die Rheinschlucht von Bingen an bis zur Lahnmündung und das untere Lahnthal) begrenzt."

Mit diesen Worten bestimmt Kriegk*) die Lage und Ausdehnung des Gebietes, dessen Thäler wir nach ihrer Form und ihrer anthropogeographischen Bedeutung des näheren charakterisiren wollen. Vor allen Dingen ist uns natürlich hierbei eine genaue Begrenzung des zu betrachtenden Gebietes von Wichtigkeit. Für den ersten Augenblick erscheint freilich diese Frage weniger bedeutend, da das Gebiet — gewissermassen selbstverständlich — ziemlich gut abgegrenzt vor unseren Augen liegt. Handelt es sich jedoch um statistische Zusammenstellungen, so tritt nur zu häufig ein Zweifel auf, ob diese oder jene Gemarkung des Grenzgebietes einzurechnen oder auszuschliessen sei. Dass übrigens bei genauer Betrachtung die Grenzen nicht so leicht zu ziehen sind, wie es vielleicht scheinen möchte, geht schon daraus hervor, dass in den einzelnen geographischen Lehrbüchern

---

*) Dr. G. L. Kriegk, Kurze physisch-geographische Beschreibung der Umgegend von Frankfurt am Main oder der Ebene des unteren Mains und des anstossenden Taunus, nebst einem Anhang über den Reiseverkehr und andere statistische Verhältnisse von Frankfurt. 1839. Seite 6.

die Angaben über die Begrenzung des Taunus unter einander und von der bei Kriegk gegebenen Auffassung abweichen. So lässt z. B. Kutzen die Frage nach der Grenze offen und bestimmt nur die Lage des Gebirges: „.... so begegnen wir hier als dem mittelrheinischen Plateau angehörend dem zwischen Main, Rhein und Lahn in einer Ausdehnung von etwa 90 km sich erstreckenden waldbedeckten Taunus oder der Höhe von 480 m mittlerer Höhe ....."*) Wollte man diese Erklärung als Grenzbestimmung nehmen, so würde ja die Angabe des nach Ost sich anschliessenden Gebietes fehlen. Guthe**) gibt an, dass der Taunus im Osten durch die Wetterau, im Norden durch das enge Thal der Lahn, im Westen und Süden durch den Rhein und das Nordende der oberrheinischen Tief-Ebene begrenzt wird. Diese Erklärung deckt sich ungefähr mit derjenigen, welche Kriegk gegeben hat. Am genauesten bezeichnet von Klöden***) die Grenzen und speziell die Ostgrenze: „Der Taunus liegt zwischen Main, Rhein und Lahn und reicht im Osten bis zur Ebene der Wetterau, bis zu einer Linie über Homburg nach Giessen." Daraus, dass er Homburg als Anfangspunkt jener Linie nimmt, könnte man annehmen, dass er den Main nicht eigentlich als Grenzfluss angesehen haben will, sonst hätte er jene Linie etwa mit Frankfurt-Homburg-Giessen bezeichnen müssen. Es scheint also danach das Gebiet im Süd-Osten der Linie Homburg-Wiesbaden nicht mehr zum Taunusgebiet gerechnet zu werden. Es würde dies mit der geologischen Abgrenzung des Gebietes stimmen und müsste sich dann die angegebene Linie Homburg-Wiesbaden über Dotzheim, Neudorf, Hallgarten nach Rüdesheim fortsetzen, so dass also hier im Süden nicht mehr Rhein und Main die Grenze bildeten, sondern die Linie, in welcher die Tertiärschichten mit den alten Taunusgesteinen zusammenstossen. Vom geographischen Standpunkte aus sind aber für solche Verhältnisse noch andere Gesichtspunkte zu berücksichtigen, von denen für uns in dem gegebenen Falle die Betrachtung

---

*) Kutzen, Das deutsche Land. 3. Aufl. von Koner. 1880. S. 284.
**) H. Guthe, Lehrbuch der Geographie. Neu bearbeitet von H. Wagner. 5. Aufl. 1883. Bd. 2. S. 583 f.
***) G. A. von Klöden, Handbuch der Erdkunde. 3. Aufl. 1875. Bd. 2. S. 108.

der Flora der wichtigste ist: Rechts- und linksmainische Flora im unteren Mainthal und rechts- und linksrheinische Flora für die Strecke Mainz-Bingen sind nämlich verschieden und zwar derart, dass es eine Anzahl Pflanzen gibt, welche nur auf den linksseitigen Gebieten vorkommen, so dass also die Nordgrenze für die oberrheinische Tiefebene durch die Main-Rheinlinie gebildet würde, während es umgekehrt Pflanzen gibt, die nur auf rechtsseitigem Gebiete vorkommen. Von Pflanzen, welche zu der ersten Kategorie gehören, nenne ich hier nur Onosma arenarium W. K.*) Ophris aranifera Huds.**), Hippuris vulgaris L.***), Drosera intermedia Hayne****), Wahlenbergia hederacea Rchb.†). Von speziellen Vertretern des rechtsseitigen Gebietes seien Herniaria hirsuta L.††) und Ranunculus aconitifolius L.†††) genannt.

Wir können daher den Main als Grenze beibehalten und zwar für die Strecke Höchst-Mainz, d. h. von der Mündung der Nidda in den Main bis zu dessen Uebergang in den Rhein. Die von dem Taunus ostwärts gelegene Wetterau ist ihrer ganzen Bildung nach als flache Einsenkung ††††) zwischen Vogelsberg und Taunus von dem Gebiete des letzteren zu trennen — nirgends findet sich auch eine Grenzbestimmung des Taunus.

---

*) Garcke, Dr. A., Flora von Nord- und Mitteldeutschland. 12. Aufl. Berlin 1875. S. 279. O. arenarium, „nur in sandigen Kiefernwäldern zwischen Mainz und Ingelheim."

**) Garcke, S. 382. O. aranifera, „bei Mainz zwischen Oberingelheim und Algesheim.

***) Fuckel, Leopold, Nassaus Flora. Phanerogamen. Wiesbaden 1857. S. 119. H. vulgaris, „bei Trebur auf der Mainspitze bei Hadamar." Also nicht zwischen Main und Lahn!

****) Dosch, L., und Scriba, J., Flora der Blüthen- und höheren Sporen-Pflanzen des Grossherzogthums Hessen und der angrenzenden Gebiete. Darmstadt 1873. S. 493. D. intermedis, „auf sumpfigen, torfigen Wiesen hinter dem Forsthaus bei Frankfurt. Im Hengstersumpf bei Heusenstamm."

†) Dosch und Scriba, S. 317. W. hederacea „auf den Grundwiesen bei Walldorf, bei Langen; bei König am Erlenbrunnen und Vielbrunn."

††) Fuckel, S. 127. H. hirsuta, bei Höchst, Okriftel, Schierstein.

†††) Fuckel, S. 6. R. aconitifolius, an der Quelle der Lahn, bei Dausenau, bei Nassau, Falkenstein, Reiffenberg, Königstein, Sauerthal, Laufenselden.

††††) „Die Wetterau ist ein Senkungsthal, das sich in drei Stufen nach dem Rheinthal zu senkt." Kinkelin, Dr. F., Zur Geologie der unteren Wetterau und des unteren Mainthales. Jahrbücher des Nass. Ver. f. Naturkunde. Jahrg. 39. S. 69.

welche ostwärts bis zur Wetterau ginge — so dass wir also auf dieser Seite nicht Flussläufe, welche dieselbe durchströmen, als Grenzlinien angeben können, hier vielmehr eine Linie vorschlagen müssen, die von der Mündung der Nidda nach Homburg v. d. Höhe, über Bad Nauheim, an Butzbach westlich vorbei nach der Lahn hin zieht und diese zwischen Giessen und Wetzlar trifft. Den östlichsten Punkt des Taunusgebietes bildet — wenn wir nach Osten die zuletzt gegebenen Grenzen und im Uebrigen die übereinstimmenden durch Flussläufe gekennzeichneten Grenzen annehmen — der Fuss des Johannisberges bei Bad Nauheim, den südlichsten die Rheinbiegung zwischen Rüdesheim und Assmannshausen, also der Fuss des Niederwaldes, den westlichsten die Rheinbiegung zwischen Filsen und Osterspai, den nördlichsten die Lahn in der Breite von Wetzlar. Die Länge des ganzen Gebirgszuges wird durch die Entfernung des östlichsten und südlichsten Punktes bestimmt; sie beträgt 75 km. Die westöstliche Differenz, im Parallelkreis gemessen, beträgt 83 km, während die nordsüdliche, im Meridian gemessen, ungefähr 20 km hinter dieser Ziffer zurückbleibt, also ungefähr 63 km beträgt.*)

Ueber die Thäler des Taunus ist bis jetzt nichts im Zusammenhange in wissenschaftlichen Werken erschienen. Nur einzelne Notizen, welche bestimmte, zum Theil auffallende Punkte unseres Themas behandeln, finden sich vor und zwar zerstreut in den trefflichen Erläuterungen zur geologischen Spezialkarte von Preussen.**)

In Dr. Sandbergers Uebersicht der geologischen Verhältnisse des Herzogthums Nassau sind zwar auch die Thäler des Taunus — auf Seite 2 — erwähnt, jedoch mit nur ganz kurzer Charakteristik, so dass Sandberger z. B. von dem Emsthal nichts weiter sagt als: „es ist in jeder Beziehung zu uninteressant.

---

*) Die Ausdehnung des geologischen Taunus, d. h. der eigentlichen Taunusgesteine ist natürlich eine ganz andere: in der Nord-Südrichtung ist dieselbe geringer, in Ost-Westrichtung bedeutender, da ja die Taunusgesteine sich noch weit über das linke Rheinufer fortsetzen.

**) Erläuterungen zur geologischen Spezialkarte von Preussen und den Thüringischen Staaten. Ein Theil der Blätter, welche hier in Betracht kommen, wurde von dem verstorbenen Landesgeologen Carl Koch bearbeitet. (Berlin 1880 f.). Die übrigen Sektionen von Prof. Kayser.

als dass es hier erwähnt zu werden verdient". Und doch ist gerade das Emsthal ausgezeichnet durch seine reichen Mineralquellen, speziell diejenigen von Ober- und Nieder-Selters. Ferner nimmt es nach Koch's Ansicht eine wichtige Stelle unter den Taunusthälern ein, indem es seiner Meinung nach „seine Entstehung einer Spaltung verdankt". Zusammenhängend sind die Thäler des Taunus, so weit uns bekannt geworden, nur ein einziges Mal behandelt worden, in einem Vortrage nämlich, welchen Koch im Dezember 1877 in dem Geographischen Verein zu Frankfurt a. M. hielt: „Ueber Thalbildungen und zeitweise Aenderungen der Flussläufe mit speziellen Beobachtungen des Rheingebietes". Es ist jedoch unseres Wissens kein ausführliches Referat darüber in einer geographischen oder geologischen Zeitschrift erschienen; wir müssen uns daher auf zwei Mittheilungen, welche in Frankfurter Tagesblättern erschienen sind, beziehen.*) Nach dem Inhalte dieser Referate besprach Koch in seinem Vortrage nach einer sehr ausführlichen Einleitung über die Entstehung der Thäler den früheren Lauf des Mains und kommt dann zu der wichtigen Behauptung, dass in der Tertiärzeit ein bedeutender Flusslauf vom Ederkopf bis nach Fischbach und Hornau existirt habe. In einem anderen Vortrage „Beitrag zur Kenntniss der Hydrographie des Taunus in der Tertiärzeit" ergänzte er das Gesagte und führte als Beweis für jene Behauptung der Existenz eines alten Flusslaufes vom Ederkopf aus südlich die Thatsache an, dass in den Geröllen bei Niederjosbach sich Dolerit finde, der dem Westerwald entstammen muss, und dass in dem vorderen Taunus sich Kalksteintrümmer vorfinden, welche mit den Kalksteinen von Vilmar a. d. Lahn übereinstimmen. Zu erwähnen ist noch, dass sich in der Statistischen Beschreibung des Regierungsbezirks Wiesbaden**) eine Uebersicht und kurze Charakterisirung der hier in Betracht kommenden Thäler vorfindet, und zwar bearbeitet von Bergrath Stein.

---

*) Dieselben verdanke ich der Güte des Herrn Dr. Kinkelin.
**) Statistische Beschreibung des Regierungsbezirks Wiesbaden. Herausgegeben von Königl. Regierung zu Wiesbaden. Heft 1. (Land und Leute. Historischer Ueberblick, Bodengestalt. Höhenlage aller Ortschaften. Geologische Verhältnisse. Gewässer). Wiesbaden 1876. S. 11.

Was nun die Oberfläche unseres Gebietes betrifft, so erklärt sich dieselbe einerseits durch den inneren Bau des Gebirges, andererseits durch die Einwirkung der Abrasion. Die Schichten des Taunus sind durch einen aus SO wirkenden Druck so gefaltet worden, dass sie bei einem ungefähren Streichen von NO-SW auf der Südseite am steilsten aufgerichtet erscheinen, während die sich nördlich anschliessenden Falten flacher verlaufen. Infolge der Abrasion sind dieselben nur theilweise vorhanden. Die verschiedenen Schichten, welche sich an dieser Faltung betheiligen und von der Sattelaxe aus nw. nach NW und sö. von derselben nach SO einfallen, sind, von unten nach oben angegeben, Sericitgneisse, dann Hornblende- und Glimmer-Sericitschiefer (sogenannte Grünschiefer), ferner die Taunus-Phyllite, welche zuweilen durch Einlagerung von Quarzkörnern quarzitische Form erhalten, und schliesslich der Taunusquarzit als oberstes Schichtglied. Der Taunusquarzit bildet infolge seiner Härte die bedeutendsten Höhen, welche, sich in zwei Züge reihend, der allgemeinen Richtung des Gebirges folgen. Dem vorderen Zuge gehören in ost-westlicher Reihenfolge an:

Herzberg . . .	589 m
Altkönig .	798 „
Eichkopf .	563 „
Steinhaufen . .	531 „
Rothekreuzkopf	614 „
Hallgarter Zange	581 „

während der hintere durchschnittlich höhere Kamm durch folgende Punkte bestimmt ist:

Winterstein (bei Nauheim) .	491 m
Grosser Feldberg . .	881 „
Kleiner Feldberg .	827 „
Butznickel . .	463 „
Hohe Kanzel	596 „
Eichelberg .	536 „
Hohe Wurzel .	618 „
Kalte Herberge	620 „

Nördlich reihen sich an die eigentlichen Taunusgesteine der Hunsrückschiefer an und an diesen die Coblenzschichten, welche gemeinsam den flachen Nordabfall des Taunusgebietes bilden.

Hinzufügen müssen wir noch, dass dieser Quarzitzug im westlichen Taunus die Wasserscheide für den nördlichen und südlichen Abhang bildet, dass „die Wasserscheide dagegen im mittleren und östlichen Taunus mehrmals nach Norden auf das sich anschliessende niedrigere Thonschieferplateau ausbiegt, so dass z. B. der Schlangenbader Bach, der Goldbach und Daisbach dicht unterhalb ihrer Quelle den Quarzitwall durchsetzen."*)

Wenn man annimmt, dass der Charakter eines Gebirges neben der Form der Gebirgsbildungen zugleich die Art und Weise der Thalbildungen**) bedingt, so kann man bei allen Erhebungen der Erdoberfläche, bei denen sich eine längere Erhebungsrichtung konstatiren lässt, zwei Arten von Thälern unterscheiden: erstens die dem „Parallelismus der inneren Gliederung" folgenden Längsthäler und zweitens die zur Gebirgsrichtung recht- und schiefwinkelig ziehenden Quer- und Diagonalthäler. Die Ursache ihrer Entstehung kann vollständig dieselbe sein; sie können beide — neben einander und gleichzeitig — gelegentlich der Erhebung und des Einsturzes der Erdschichten entstanden sein, wonach sie als tektonische Thäler zu bezeichnen sind. Andererseits können sie auch nach ihrer Entstehung verschieden sein, so dass uns der Unterschied in Längs-, Quer- und Diagonalthäler nicht genügt, dass wir vielmehr noch wissen müssen, ob wir es mit tektonischen oder mit Skulpturthälern (Erosionsthälern) zu thun haben. Die Frage nach der speziellen Form tritt weiter zurück. Bei dem Taunus nun, einem Theil des rheinischen Schiefergebirges, welcher den Parallelismus der inneren Gliederung in seiner Richtung deutlich erkennen lässt — die Richtung des Gebirges geht von NO g O nach SW g W — kann man ziemlich leicht angeben, welche Längs-, Quer- oder Diagonalthäler vorhanden sind. In Folge dessen hat man schon früher die Thäler des Taunus nach ihrem Verhältniss zu dem Hauptgebirgszuge kurz, wenn auch nicht

---

*) Philippson, A., Studien über Wasserscheiden. Mittheilungen des Ver. f. Erdkunde zu Leipzig 1885. S. 349.

**) Genauere und ausführlichere Eintheilung sämmtlicher Thalformationen finden sich in dem Führer für Forschungsreisende. Anleitung zu Beobachtungen über Gegenstände der physischen Geographie und Geologie von Ferdinand Freiherr von Richthofen. Berlin 1886. S. 171 ff. und S. 634 ff.

immer ganz richtig, charakterisirt. Wir geben hier zunächst eine kurze Uebersicht über die für uns in Betracht kommenden Thäler, der wir gleichzeitig eine Bemerkung über die Zugehörigkeit derselben zu einer der genannten Gruppen beifügen.

1. Als einziges Taunusthal, welches sein Wasser direkt dem Main zusendet, ist das Schwarzbachthal — auch Lorsbacher Thal genannt — zu erwähnen.*) In seiner Richtung und in seinen Formen zeigt es unverkennbar das Gepräge eines Querthals.

2. Das Wisperthal ist das einzige grössere Thal des Taunus, welches seine Wasser direkt dem Rhein zuführt und ist zugleich das einzige grössere Längsthal des Gebirges. Es ist jedoch — wenigstens nach der jetzt üblichen Bezeichnung — nur im mittleren und unteren Theile Längsthal, während es von der Quelle der Wisper bis zur Mündung des Fischbaches in dieselbe Diagonalthal ist. Wäre freilich der in den Fischbach mündende Dornbach als Hauptquellfluss der Wisper bezeichnet worden, so würde das ganze Thal ein einheitliches Längsthal sein.

3. Die der Lahn zugehenden Thäler sind sämmtlich als Quer- bezw. Diagonalthäler zu bezeichnen und zwar in ostwestlicher Folge das Weilthal, das Emsthal mit dem Wörsbachthal — gleichfalls ein Querthal, obwohl Nebenthal des Emsthals — das Aarthal — nur in dem oberen Theile von der Quelle der Aar bis zu deren Biegung zwischen Bleidenstadt und Langenschwalbach ist es ein Längsthal — das Dörsbachthal und das Mühlbachthal.

Wie die unter 1—3 genannten Thäler mit ihren Seitenthälern und den übrigen kleineren Thälern in ihrer Richtung mit der Form des Taunusgebirges ursächlich zusammenhängen, so erscheinen sie auch in ihrer übrigen Gestalt durch dasselbe bedingt, wie denn z. B. das Gefäll, welches die dieselben durchfliessenden Bäche haben, für bestimmte Gebiete eine durch die Formation hervorgerufene Gleichmässigkeit erhält. Diese Gleichmässigkeit zeigen sowohl die auf der Nordabdachung des Taunus entspringenden Wasserläufe unter einander als auch

---

*) Siehe Reinach, Baron v., Das Lorsbacher Thal. Eine Lokalskizze. Jahrbücher des Nass. Ver. f. Naturkunde. Jahrg. 40. S. 260—265.

die Rinnen des Südabhanges, auch wieder für sich. Der Taunus fällt nämlich nach Süden ziemlich steil ab, an vielen Stellen grenzt er sogar ohne Vermittelung von Vorbergen direkt an die Main- bezüglich Rheinebene. Die Folge ist die, dass sich hier nur kurze, in das Gebirge meist stark einschneidende Thalbildungen*) mit unbedeutendem Wasserlaufe vorfinden. All diese Wasserläufe haben ihre Quellen, bezüglich Quellgebiete in den Schichten des Taunus-Quarzits und der krystallinischen Taunusschiefer, welche den eigentlichen Höhenzug des Taunus bilden. Zu dieser Abtheilung gehören die Thäler der 12 kleinen Bäche, welche von **Biebrich** bis **Rüdesheim** in den **Rhein** münden. Sie zeigen alle in ihrem Laufe dieselbe Richtung nach SO, welche durch die Neigung des Gebirges nach derselben Richtung bedingt ist. So kommt es, dass diese kleinen Wasserläufe sämmtlich dem Rheinstrome entgegenfliessen. Während die beiden ersten Zuflüsse auf der genannten Strecke — **Dotzheimer Bach** und **Grorother Bach** — zu beiden Seiten bedeutende Lössschichten zeigen, finden wir bei den sechs folgenden — der **Walluf**, dem **Rauenthaler Bach, Kiedricher Bach, Kisselbach, Hallgarter Bach** und **Pfingstbach** — den Löss nur auf dem rechten (westlichen) Ufer.**) Die linken Thalgehänge sind entweder ganz frei von Löss oder nur auf ganz kurze Strecken mit ihm bedeckt. Bei den weiter abwärts mündenden Bächen, z. B. bei dem Schwemmbach, schliesst sich auf beiden Seiten des Thales an die Alluvionen der Thalebenen wieder der Löss an.

Der Abfall nach Norden, also nach der Lahn zu, ist ein ganz anderer: hier stuft sich das Land allmählich ab, das Gefäll ist geringer und die Thäler sind verhältnissmässig länger. Fast ihre sämmtlichen Wasserläufe entspringen dem Hunsrück-Schiefer,***)

---

*) Genannt seien als die wichtigsten Thäler dieser Abtheilung das obere Urselbachthal, Nerothal und Wallufthal.

) Siehe **Koch, Erläuterungen zur geologischen Karte von Preussen. Blatt Eltville, S. 40.

***) **Koch** sagt in den **nachträglichen Bemerkungen und Erläuterungen zur geognostischen Uebersichtskarte des Regierungsbezirks Wiesbaden** (Statistische Beschreibung des R.-B. W. Heft I. S. 52) von dem Hunsrück-Schiefer, dass derselbe „die untere Schieferzone bildet, welche zunächst dem Quarzit auflagert, sich aber nördlich dieses Hauptzuges mehrfach unter den auflagernden Gliedern in mehr oder weniger ausgedehnten Erstreckungen erhebt."

welcher den genannten Schichten des Taunusquarzits und der krystallinischen Taunusschiefern nach Norden vorgelagert ist. Weiter ist dann für diese meist nach Norden oder nach Nordwesten gerichteten Thäler gemeinschaftlich, dass sie nach mehr oder weniger langem Laufe den Hunsrück-Schiefer verlassen — die Aar nach einem Laufe von circa 25 km, die übrigen alle nach weit kürzerem Laufe — um gleichmässig in die Coblenzschichten einzutreten. Zwei von den Lahnzuflüssen, Dörsbach und Mühlbach, verbleiben in den Coblenzschichten. die drei östlichen Thäler, also Weil-, Ems- und Mühlbachthal. treten noch in andere Formationsglieder ein, von denen zu erwähnen sind: Stringocephalenkalk, Schalstein und Oberdevon-Schichten.*) Durch diese Analogie der durchquerten Gesteinsbildungen erhalten sämmtliche Thäler nach dieser Richtung etwas gleichmässiges, so dass eine scharfe Charakteristik der einzelnen Thäler, ohne weitere Merkmale zu Hülfe zu nehmen. nicht gerade leicht erscheint.

Von allen genannten grösseren Taunusthälern bleibt nur ein einziges mit seinem ganzen Gebiet in demselben Formationsgliede: das Wisperthal entsteht und folgt in seiner ganzen Ausdehnung dem Hunsrückschiefer.

Zu genauerer Bestimmung müssen wir danach fragen, ob sämmtliche Thalbildungen des Taunus tektonische Thäler sind. d. h. ob ihre Form durch die Erhebung des Gebirges gegeben ist, oder ob es Skulpturthäler sind, welche ihre Entstehung wesentlich**) dem Aushöhlen einer Rinne durch das Wasser verdanken. Jedem, der die genannten Thäler aufmerksam betrachtet, wird sich die Ueberzeugung aufdrängen, dass diese Bildungen weder einseitig tektonische sind, noch als reine

---

*) „Als Stringocephalenkalk sind alle vorkommenden Massenkalke eingeführt; als Schalsteine die verschieden-alterigen, unter dem Einfluss der Diabase veränderten Schiefer- und Trümmergesteine zusammengefasst worden. und unter der Bezeichnung „Kramenzel-Formation" sind die als Platten- und Nierenkalke, als bunte und graue Schiefer oder als gleichförmig graue Sandsteine auftretenden Schichten der Oberdevon-Formation in ihrem Zusammenhange gedacht." Koch, l. c. S. 52.

**) v. Richthofen, l. c. S. 640: „Von Skulpturthälern im eigentlichen Sinn kann von systematischem Prinzip nur die Rede sein, wo die Skulptur das primäre Agens ist, also zunächst dort, wo eine tektonische Hohlform nicht vorliegt."

Erosionswirkungen des Wassers erscheinen können. Für den ersten Fall treten die Sedimente besonders bei der Mündung unserer Thäler in die Hauptthäler in zu bedeutenden Mengen auf, für den zweiten Fall müssten wir die erodirende Wirkung des Wassers bei der Festigkeit einiger Taunusgesteine mit den durchsetzten Quarzgängen zu gewaltig, wenigstens für einzelne später namhaft zu machende Fälle unwahrscheinlich stark annehmen.

Wir würden somit schon bei einer allgemeineren Betrachtung der Thalbildungen diese in der Weise entstanden denken, dass sie zunächst als tektonische Thäler erscheinen, deren Hohlform nicht gerade bedeutend gewesen zu sein braucht, die aber im Verlauf der jüngeren geologischen Epochen erweitert und in einzelnen Fällen noch umgebildet worden sind. Wir bedürfen jedoch besonders für die erste Behauptung, dass die Taunusthäler wenigstens in ihrer Anlage tektonische Thäler sind, des speziellen Beweises und zwar umsomehr, als an einzelnen Stellen derselben die Wirkungen der Erosion in starkem Masse hervortreten. Ein Beispiel von dem Vorhandensein eines tektonischen Thales ist bereits von Koch, ohne dass er es jedoch in dem angedeuteten Sinne verwerthet, gelegentlich angegeben worden und zwar in den Erläuterungen zur geologischen Spezialkarte von Preussen, Blatt Königstein;[*]) er nennt es ein orographisches Räthsel und sagt, dass die Erklärung einer anderen Gelegenheit vorbehalten werden müsse.[**])
Es sind ausser diesem Beispiele noch andere in unserem Gebiete vorhanden, von denen wir zunächst zwei besprechen wollen, um dann denselben die ausführliche Besprechung des Koch'schen Beispiels folgen zu lassen.

1. Dörsbachthal. Von seiner Quelle am Erlenhof fliesst der Dörsbach ca. 5 km in wesentlich nördlicher Richtung, wobei er zunächst einen nach Westen, dann einen nach Osten offenen Bogen beschreibt, wendet sich dann in 3 km langem Laufe nach Nordosten bis zu der Biegung $^1/_2$ km nordöstlich von Reckenroth, um von da unter verschiedenen Krümmungen mit einer

---

[*]) S. 3 f. Es handelt sich um das Schwarzbach- und Fischbachthal.
[**]) Es ist mir nicht möglich gewesen, sonst eine Andeutung oder einen Aufschluss hierüber zu finden.

hauptsächlich nordwestlichen Richtung der Lahn zuzufliessen. Die angegebene Stelle nordöstlich von Reckenroth ist für uns wichtig: Hier beträgt die Höhe der Wasserscheide zwischen dem Dörsbach und dem östlich davon gelegenen Gebiete der Aar nach der Preussischen Generalstabskarte (1 : 25,000) 1035 Fuss.*) der Dörsbach selbst hat direkt unterhalb Reckenroth eine Höhe von 1050 Fuss und tritt erst, nachdem er an der Wasserscheide in jener erwähnten Biegung vorbeigekommen ist, in die Niveaulinie von 1020 Fuss ein, so dass also der Höhenunterschied zwischen Wasserscheide und dem ihr zunächst liegenden Theile des Dörsbaches höchstens 10 Fuss beträgt. Nun sind aber die den Dörsbach nach seiner Wendung nach Nordwest zunächst begleitenden Erhebungen alle über 1100 Fuss hoch, ja in dem späteren Laufe folgen sogar noch solche von über 1200 Fuss, wie die auf beiden Seiten des Thales sich schräg gegenüber liegenden Punkte Buchwald (rechte Seite) mit 1224 Fuss und Oberwald (linke Seite) mit 1254 Fuss. Wollten wir annehmen, dass hier einzig und allein die Erosion gewirkt habe, so müsste, da ja der Erosionswiderstand bei der Gleichheit des Gesteins vollkommen derselbe ist, ganz sicher das Wasser die genannte Wasserscheide durchbrochen und sich zum Aarthale zugewendet haben, welches an jener Stelle mindestens 450 Fuss mit seiner Sohle tiefer liegt und zugleich in seinem weiteren Verlaufe solche Höhen durchsetzt wie das Dörsbachthal. Wir können also annehmen, dass der von Reckenroth nordwestlich ziehende Gebirgseinschnitt ein ursprünglicher ist, und dass somit das Dörsbachthal in diesem Theile ein tektonisches Thal ist, welches freilich durch die Erosion noch bedeutend vertieft worden ist.

2. Frauensteiner Bach. Unser erstes Beispiel, von dem Nordabhang des Taunus hergenommen, wird durch eine ähnliche Erscheinung auf dem steileren Südabhang des Gebirges ergänzt. Es handelt sich um die Thalbildung, welche auf Blatt „Eltville" (der Preuss. Generalstabskarte 1 : 25,000) als „Bodenwaage") und auf Blatt „Wiesbaden" als „Grorotherthal" eingetragen ist.

---

*) 1 Preuss. Duodec.-Fuss = 0,31385 m. Die Höhen sind noch in Fuss angegeben, da auf den Sektionsblättern der Preuss. Generalstabskarte (1 : 25,000) dasselbe Mass für die Isohypsen und Dreieckspunkte angewandt ist.

Der Bach wird nach dem Dorfe Frauenstein auch „Frauensteiner Bach" genannt. Dieses Thal beginnt südlich von dem Hauptzuge des Taunusquarzits, 1 km östlich von Georgenborn, und zwar als eine ungemein flache Einsenkung in dem dortigen unteren Diluvium. Es folgt in einer Entfernung von etwas über 3 km — sich immer mehr vertiefend — dem in dem G r a u e n S t e i n, der K o p p e l und dem S p i t z e n S t e i n besonders deutlich hervortretenden Quarzgang in seiner von Nordwest nach Südost ziehenden Richtung und zwar auf der östlichen Seite dieses Zuges in einer Entfernung von 750 m. Bei Frauenstein wendet sich aber das Thal plötzlich in scharfem Winkel (45°) nach Westen, durchsetzt den angegebenen Quarzgang, beschreibt einen nach Osten offenen Bogen und nimmt dann wieder seine ursprüngliche Richtung an. Wie ist nun dieser Bogen zu erklären? Warum durchquert das Thal gerade diesen mächtigen und überaus festen Quarzgang? Warum behält, wenn wir eine Erosion annehmen wollen, das Wasser für seinen Lauf die ursprüngliche Richtung nicht bei? Denn auch hier hätte das Wasser, wie in unserem ersten Beispiele, nur eine sehr geringe Höhe von circa 15 Fuss, absolut eine solche von 645 Fuss zu übersteigen gehabt, während der durchsetzte Quarzgang in den bereits genannten Punkten die Höhe von 1084, 976 und 814 Fuss aufweist. Wir müssen annehmen, dass bei der Erhebung der Schichten dort eine Spaltung erfolgte, dass somit dieses Thal als tektonisches, in zweiter Linie als Skulpturthal zu bezeichnen ist. Denn nehmen wir auch an, dass wir in den früheren geologischen Epochen in diesen Gegenden mit ganz anderen Wassermassen zu rechnen haben, so lässt sich doch nicht leugnen, dass die Richtung der Erosion in der ursprünglichen Richtung des Thales gegeben ist und dass eine Aenderung der Erosionsrichtung in keiner Weise motivirt ist. Und dann muss konstatirt werden, dass die Thäler der benachbarten Flussläufe — des Dotzheimer Baches, des vom Enten-Pfuhl zu unserem Frauensteiner Bach hinziehenden Zuflusses und der Walluf — für die Aufnahme und Weiterbeförderung jener grösseren Wassermengen sorgten. Dabei folgen diese drei Bäche lediglich der Abhangsrichtung des Taunus, ohne solche merkwürdige Aenderungen in ihrem Laufe zu zeigen, wie der Frauensteiner Bach bei Frauenstein. In den übrigen Theilen ist dieses Thal jedoch, wie alle diese Thäler von Biebrich bis Rüdesheim, als Skulpturthal zu bezeichnen. 3. Es liessen sich noch mehr solcher Beispiele angeben. wir wollen sie jedoch, da sie nur von untergeordneter Bedeutung sind, bei Seite lassen und nur noch das für unsere Behauptung sehr werthvolle Beispiel von Koch besprechen: Es handelt sich um den auf Blatt Königstein eingezeichneten Fischbach und dessen Verhältniss zum Schwarzbach, bezüglich zum Liederbach. Der Fischbach hat sein Quellgebiet in unmittelbarer Nähe des Dorfes Ruppertshain, direkt östlich von dem Atzelberg. Von dort fliesst er — fast genau senkrecht zur Erhebungsrichtung des Gebirges — in südöstlicher Richtung bis zu dem südöstlichen Ende des Dorfes Fischbach, wo er sich vollkommen wendet, zunächst nach Westen und dann nach Südwesten bis zu seiner Mündung in den Schwarzbach. Auf seinem südwestlichen Laufe durchsetzt er — nur begleitet von einem ganz schmalen Streifen des Alluviums — die mächtigen Glimmer-Sericit-Schieferschichten des Stauffens und des Fischbacher Kopfes. Hier steigen die Thalwände ungemein steil empor und erreichen in der allernächsten Nähe des Fischbaches auf der nördlichen Seite im Fischbacher Kopf die Höhe von 1140 Fuss, und etwas weiter nordwestlich im Rossert eine solche von 1644 Fuss, auf der südlichen Seite im Stauffen die Höhe von 1438 Fuss. Die Thalsohle liegt an jener Stelle ungefähr 650 Fuss hoch, es wären also, wenn wir aus den beiden Erhebungen von 1140 und 1438 Fuss das Mittel nehmen, hier jene Schieferschichten bis zu einer Mächtigkeit von circa 640 Fuss zersägt worden. Das ist nicht möglich, wenn man das Gebiet östlich vom Stauffen betrachtet: Der höchste Punkt der Wasserscheide zwischen dem Fischbach und dem in den Main gehenden Liederbach liegt südöstlich von dem Dorfe Fischbach in einer Höhe von 765 Fuss. Der Theil des Fischbaches, welcher der Wasserscheide zunächst liegt, hat eine Höhenlage von 715 Fuss, so dass der Fischbach bei Beibehaltung der Richtung seines Laufes also nur eine Höhe von 50 Fuss zu durchbrechen gehabt hätte. Wir müssen schliesslich noch berücksichtigen, dass der von Koch*) für die Tertiärzeit

*) Siehe S. 5.

nachgewiesene Flusslauf vom Ederkopf nach Süden über Fischbach und Hornau seinen Weg nahm und dass diese Hauptrichtung seiner Erosionswirkung nicht nach Westen, sondern nach Süd-Ost gerichtet war. Dieser Fluss hätte dann auch, wenn wir nur Erosionskraft annehmen, die Richtung des Fischbaches nach Süd-Ost zum Liederbach bedingt. Es ist danach sicher, dass das Fischbachthal von Fischbach bis zum Schwarzbachthal kein Skulpturthal, sondern ein tektonisches Thal ist. Gerade in diesem Theile des Taunus, nördlich von Eppstein und von da dem Feldberge zu muss jene Kraft, welche die Schichten gehoben hat und dabei tektonische Thäler veranlassen konnte, ganz besonders stark gewesen sein; das geht nicht allein daraus hervor, dass hier die beträchtlichsten Erhebungen sich auf verhältnissmässig kleinem Raume finden, sondern auch aus dem Grunde, dass die Schichten auf der rechten Seite des Fischbachs von häufig auftretenden Quarzgängen durchsetzt sind. Ferner gibt Koch auf seiner Karte für den nördlichen Abhang des Thales bei dem Fischbacher Kopfe ein ungefähr südliches Einfallen der Schichten an, während er etwas weiter nach Norden, nach dem Rossert zu, ein nördliches Einfallen derselben konstatirt. Auf dem Südabhang, also nach dem Stauffen zu, finden sich keine Notizen über das Einfallen. Wenn Koch dieselben für den südlichen Theil weggelassen hat, so ist dies sicher daraus zu erklären, dass ihm der Wechsel auf der Südseite zu bedeutend war, als dass er eine allgemeine Notiz über das Einfallen sämmtlicher Schichten aufgenommen hätte. Thatsache ist, dass die Schichten an vielen Stellen der Südseite so stark gefaltet erscheinen, dass eine genaue Bestimmung des Einfallens nicht möglich ist. Sicher ist aber auch, dass an mehreren Stellen das Einfallen derselben deutlich nach Norden geht.

Bei dem im Taunus sonst ziemlich regelmässigen Streichen und Einfallen der Schichten wäre es erforderlich, dass die Schichten auf beiden Seiten des Thales dasselbe Einfallen zeigen, wenn das Fischbachthal als einfaches Erosionsthal in der Richtung der Schichten angenommen werden soll.*)

---

*) Siehe v. Richthofen, l. c. S. 166 ff. 3. Erosion in geneigten Schichten, wenn die Strömungsrichtung dem Streichen parallel ist.

Nach Koch wäre auch das Schwarzbachthal nicht als direktes Skulpturthal aufzufassen; die Verhältnisse sind freilich etwas anders — hier Quer- dort Längsthal — so dass wir, wie es auch v. Reinach thut, für das Schwarzbachthal eine Spaltung annehmen können.

Durch Beispiele aus verschiedenen Gegenden des Taunus ist der Beweis geliefert, dass Thäler oder einzelne Theile desselben mit dem ursprünglichen Bau des Gebirges zusammenhängen. In zweiter Linie ist nachzuweisen, dass die Erosion durch das Wasser hinzugetreten ist, und dabei muss gleich gesagt werden, dass diese Erosion an einzelnen Stellen eine ganz bedeutende gewesen ist.

Die Entstehung der Thäler durch Erosion wird in der einschlägigen Literatur meist übereinstimmend erklärt. Nach diesen Erklärungen — wir erwähnen nur Peschel und Richthofen*) — muss jedes fertige Flusssystem — bei welchem immer mehr oder weniger die Erosion mitgewirkt hat — die bedeutendsten Einschnitte in das Gebirge im Oberlaufe aufweisen. Nun sind aber die Einschnitte der Taunusthäler im Oberlauf ihrer Flüsse, bezüglich Bäche, gerade nicht die bedeutendsten, so dass die Folgerung zu ziehen wäre: die Thalbildungen des Taunus sind noch nicht fertig. Das könnte nun mit der nöthigen Einschränkung schliesslich von allen Thälern gesagt werden, da doch jeder wenn auch noch so kleine Bach durch Wegführen von den festen Bestandtheilen des von ihm durchflossenen Bodens Veränderungen hervorbringt. Bei den Taunusthälern jedoch liegt die Sache vielleicht etwas anders. Was hier an Erosion geleistet werden kann, ist geleistet. Das sehen wir einerseits an der bedeutenden Menge der Anschwemmungen im Unterlaufe der Flüsse, speziell bei dem nördlichen Theile des Emsbachthales und des Aarthales, andererseits an den Bildungen von kleinen Ebenen im Mittellaufe, die deutlich als der Boden von früheren Seebildungen zu erkennen sind. Letztere Bildungen zeigen sich am auffallendsten und zugleich in grösserer Ausdehnung bei dem Mühlbachthal, und zwar bei Nastätten, und in noch umfangreicherem Masse bei Miehlen. Es sind jedoch nicht die Sedimente

---

*) Siehe Peschel, Physische Erdkunde. Bearb. von Leipoldt. Leipzig 1880. II. Bd., S. 375 ff. — von Richthofen, Führer. S. 133.

allein, welche die Erosion uns beweisen, die Formen und Bildungen der Gehänge selbst an einzelnen Stellen der Thäler sprechen deutlich für diese Wirkung in früherer Zeit. Wir wollen hier einzelne Beispiele besonders hervorheben: Zunächst sei eine Stelle genannt, welche sich auf dem Blatte Algenroth der königl. Preuss. Generalstabskarte 1:25000 aufgezeichnet findet, dort jedoch nicht so in die Augen tritt, als wenn wir dieselbe von einem höher gelegenen Punkte in der Natur selbst beobachten: Zwischen Geroldstein und der davon thalabwärts liegenden Neuen Mühle führt ganz in der Nähe der Mündung des Herzbaches in die Wisper ein Weg über den zwischen diesem Herzbach und dem folgenden rechtsseitigen Zufluss der Wisper, dem Nonnengraben, sich erhebenden, derzeit abgeholzten Gebirgsrücken. Von diesem Wege aus überblickt man sehr gut in einer Höhe von circa 900 Fuss den circa 600 Fuss über dem Meeresspiegel liegenden Theil der Wispersohle. Man sieht die bedeutende Biegung der Wisper, wie sie zuerst von Osten nach Westen, dann in scharfer Biegung von Norden nach Süden, dann, wenn auch nur eine kurze Strecke, von Westen nach Osten, dann wieder von Norden nach Süden und zuletzt wieder von Osten nach Westen fliesst. Von oben gesehen erscheint dieser Theil des Wisperthales, besonders da, wo die erste Biegung in Betracht kommt, als ein grosser gewaltiger Kessel: Auf der rechten Thalseite, von der Thalsohle aus als concave Seite zu bezeichnen, beobachten wir, dass in gleichmässigem Bogen das Gestein — Wisperschiefer ausgewaschen ist. Gegenüber, auf der convexen Seite, wurde das Wasser zunächst durch bedeutende Felsmassen, deren Ueberreste noch in burgähnlichen Formen vorhanden sind, abgewiesen und mit voller Wucht noch auf das gegenüberliegende Ufer gebracht. Dort wirkte die erodirende Kraft des Wassers am meisten, denn an den Felsenmassen auf der linken Seite konnte das Wasser gleichsam vorbeigleiten, hier, auf der jetzigen rechten Seite der Wisper, traf es das Gestein in gerader Richtung. Auf dieser Seite des Thales finden wir derzeit den Wisperbach. Bei dem folgenden Bogen beobachten wir dieselben Verhältnisse mit dem Unterschiede, dass jetzt das rechte Ufer das convexe und das linke Ufer das concave ist. Hier fliesst auch die Wisper auf der am stärksten ausgewaschenen und zugleich steilsten Seite des Thales. Ueberhaupt finden wir jenes Gesetz, dass der Fluss an dem steileren Ufer entlang fliesst, überall da in unserem Gebiete bestätigt, wo die Wirkungen der Erosion deutlich hervortreten, wo dann natürlich eine grössere Verschiedenheit in der Neigung der beiden Thalwände vorhanden ist.*) Sehr deutlich können wir diese Thatsache z. B. beobachten an der Stelle, wo der Mühlbach seine stärksten Windungen beginnt, ungefähr zwischen den beiden Dörfern Berg und Geisig (Preuss. Generalstabskarte. 1:25.000 Blatt, Dachsenhausen); mehrmals ändert der Mühlbach auf kurze Strecken seinen Lauf, immer aber schliesst er sich eng an den steileren Abhang an. In einer beiliegenden kleinen Kartenskizze 1:5000 (nach der Generalstabskarte 1:25,000 gezeichnet) erkennen wir diese Verhältnisse ohne weiteren Kommentar. Die Lage des kleinen Ausschnittes ist durch den Dreieckspunkt 3. Ord. „Alteburg", sowie durch die Angabe der „Lumpen-Mühle" bestimmt. Ausser den allgemeinen Wirkungen der Erosion bemerken wir auf dem Blatte jene Erscheinung, welche Schneider für das Moselgebiet nachgewiesen hat, das Loslösen einzelner Bergkegel durch Erosion. A und C sind solche in Loslösung begriffene Erhebungen, die nur durch schmale Einsenkungen bei B und D mit dem übrigen Gebirgszuge zusammenhängen. A liegt über der Einsenkung B circa 60 Fuss und C über D circa 120 Fuss. Natürlich muss die erodirende Kraft des Wassers gerade oberhalb B und D am bedeutendsten sein, bezüglich gewesen sein. — Aufmerksam wollen wir noch machen auf den circa 200 m langen Lauf des Mühlbachs oberhalb der Lumpen-Mühle, wo wir sehr gut sehen, dass der Mühlbach sich an dem rechten steilen Ufer hält, auf dem linken Ufer einer kleinen Wiesenfläche Raum lassend. Die letzteren Erscheinungen sind als Regel auch für die Flussläufe des Taunus hinzustellen, eine Regel, welche nur in dem Falle eine Ausnahme erleiden kann, dass eine breitere Thalsohle vorhanden ist und dass hierbei die beiden Thalwände etwas weiter von einander abstehen. In diesem Falle beobachten wir durchweg bei den hierhergehörigen Flussläufen eine doppelte Krümmung, einerseits diejenige, welche durch den Charakter des Gebirges bedingt ist.

---

*) Auf den beiliegenden Thalprofilen der Wisper tritt dieser Wechsel der Neigung in den beiden Thalseiten sehr schön bei Profil 5 (unterhalb Geroldstein NNW-SSO) und 6 (unterhalb Kammerburg WNW-OSO) hervor.

und sich gewöhnlich so zeigt, dass sich in die concave Seite der ganzen Bildung von der andern convexen Seite aus ein Bergrücken einschiebt; andererseits treten als secundäre Krümmungen diejenigen auf, welche in den angeschwemmten Sanden etc. des Flusses selbst sich herausgebildet haben. Auch bei den secundären Krümmungen lässt sich eine bestimmte Regelmässigkeit in Bezug auf Höhe und Steilheit des Ufers nachweisen, wenn es sich hier auch um sehr geringe Dimensionen handelt. Wir können z. B. in dem unteren Aarthale, — oberhalb Freiendiez — wo der Flusslauf noch nicht bei der Consolidation des Landes regulirt ist, ganz leicht constatiren, dass auch hier in der sonst ganz ebenen Thalsohle das concave Ufer das steilere und das convexe meist sanft geneigt und etwas niedriger ist als jenes.

Wir wollen hiermit die allgemeinen Betrachtungen über die Bildung der Taunusthäler abschliessen und zur Einzelbeschreibung derselben übergehen.

Wir beginnen mit den Zuflüssen des Mains, welcher in seinem Unterlaufe die Grenze des Taunusgebietes bildet und direkt und indirekt Wasser aus dem Taunus erhält: Indirekt durch die vom Vogelsberge kommende Nidda, welche in ihrem Unterlaufe auf ihrer rechten Seite die Taunusbäche Usa, Erlen-, Ursel- und Sulz-Bach aufnimmt und zugleich mit dem Lieder-Bach bei Höchst in den Main fliesst. Usa- und Erlenbach-Thal zeigen übereinstimmende Richtung und Bildung: beide beschreiben einen nach Süden offenen Bogen, wobei sie zuerst bei ziemlich flacher Einsenkung den Schichten des Taunus nach NO folgen, dabei dieselben in östlicher Richtung — die Usa nordöstlich von Usingen und der Erlenbach westlich von Köppern[*]) — durchsetzen und schliesslich in dem südöstlich gerichteten unteren Theile in wiederum flacher Einsenkung in welliger Ebene dem Niddathale sich zuwenden. Die anderen genannten Bäche und die kleineren nicht genannten folgen alle dem nach Süd-Osten gehenden Abfall des Taunus — es sind sämmtlich kleine Querthäler — und schneiden in ihrem Oberlaufe scharf in das Gebirge ein.

Eine grössere Bedeutung als die bisher genannten Thäler hat das nach Westen zu folgende Seitenthal des Mains, das

---

[*]) Das Erlenbachthal heisst hier Köpperner Thal.

Schwarzbachthal. Man soll füglich bei Besprechung eines Flusslaufes mit seiner Quelle anfangen. Wir wollen es auch bei dem Schwarzbach so halten: aber wir müssen gleich constatiren, dass es nicht so leicht ist. Genaues über seine Quelle zu sagen bei der verwirrenden Namengebung, welche wir hier vorfinden. Die Preussischen Generalstabskarten — die kleinen Blätter 1:100.000 und die Messtischblätter 1:25,000 — sowie die nach ihnen bearbeiteten Karten führen übereinstimmende Namen. Danach kommt der Name „Schwarzbach" dem in Rede stehenden Flusslaufe nur von Lorsbach bis zu seiner Mündung zu. Von Lorsbach aufwärts über Eppstein bis Ehlhalten führt er den Namen „Goldbach" und von letztgenanntem Orte bis zu den kleinen Quellbächen den Namen Dattenbach. Ravenstein weicht in seiner vortrefflichen „Touristen-Karte vom Taunus" etwas ab: Er gibt die Namen „Dett-Bach" von der Quelle bis Ehlhalten, „Gold-Bach" bis Lorsbach und „Gold"- oder „Schwarz-Bach" von da bis zur Mündung, während er für das Thal ober- und unterhalb Lorsbach noch den bei der Bevölkerung viel gebrauchten Namen „Lorsbacher Thal" angesetzt hat. Die Ansicht nun, dass die genannten Flussabschnitte den Schwarzbach bilden, wird von Kriegk[*]) vertreten, indem er den Anfang mit den Worten bestimmt: das östlich von Waldkriftel beginnende Thal der „schwarzen Bach". Waldkriftel ist das jetzige Cröftel; östlich von Cröftel ist aber die Quelle des Datten- bez. Dett-Baches unserer Karten. An anderer Stelle[**]) nimmt er freilich „mehrere Arme" an. Zur Illustrirung der eigenthümlichen Namensverhältnisse wollen wir den betreffenden Satz vollständig mittheilen: „Die Schwarze Bach, im Lorsbacher Thal die Guldenbach und unterhalb desselben auch die Kriftel genannt, entspringt auf dem Main-Taunus, kommt in mehreren, durch das Fischbacher, Vockenhäuser, Eppsteiner und andere Thäler fliessenden Armen (welche bei Ober- und Niederroth Sangbach, bei Waldkriftel Flosbach, bei Ehlhalten und Vockenhausen Dettenbach, im Fischbacher Thal Fischbach, in dem von Niedernhausen Daisbach heissen) herab.

---

[*]) Kriegk, Umgegend von Frankfurt a. M. 1839 (vollständiger Titel oben S. 1.), S. 10.
[**]) l. c., S. 42.

geht dann durch das Lorsbacher Thal über den gleichnamigen Ort, verlässt dasselbe bei Hofheim und fliesst unter dem Namen der Schwarzen Bach über Kriftel und Hattersheim zu ihrer Mündung bei Okriftel." In der oben*) angeführten „Statistischen Beschreibung des Reg.-Bez. Wiesbaden" finden wir auf Seite 10 f. eine abweichende Angabe. Dort lesen wir: „Es ist nur ein grösseres Thal im südlichen Theile des Taunus hervorzuheben, nämlich das Schwarzbachthal, im oberen Theile auch Dettebach- und Guldenbachthal genannt. Dasselbe beginnt am nördlichen Abfall des Gebirges im Untertaunuskreis, — nicht fern von seinem Anfang bei Niederseelbach hat es eine Höhenlage von 314 Meter. — und durchsetzt den Gebirgsrücken in schluchtenförmigen Curven." Diese Angaben widersprechen sich: Es wird nämlich einerseits als oberer Theil des Schwarzbachthales das Dettebachthal genannt; in diesem liegt aber gar nicht, wie anderseits gesagt wird, das Dorf Niederseelbach. Letzteres liegt vielmehr in dem dort gar nicht erwähnten Daisbachthal, welches circa 8 km (Luftlinie) unterhalb Niederseelbach in das Goldbachthal (der Generalstabskarte) mündet. Es sind anscheinend zwei Lesarten hier untereinander gerathen: die eine gibt den Dettebach als Quellfluss, die andere den Daisbach als solchen an. Erstere ist genannt worden, von letzterer hat man die Ziffern gegeben. Uebrigens wird in der That der Daisbach zugleich mit dem Goldbach als Quellfluss angegeben und zwar von Koch in den bereits erwähnten „Erläuterungen"**): „Der Schwarzbach besteht oben aus zwei Theilen, dem Daisbach, welcher in Blatt Platte jenseits des nördlichsten Quarzitzuges auf der Grenze zwischen diesem und dem Wisperschiefer entspringt, beide Quarzitzüge durchbricht und nach Aufnahme verschiedener kleinerer Bäche sich oberhalb Eppstein mit dem Goldbach zu dem eigentlichen Schwarzbach vereinigt. Der Goldbach entspringt in Blatt Idstein in dem Wisperschiefer, durchbricht ebenfalls die beiden Quarzitzüge des Taunus und nimmt zwischen beiden viel Wasser von Nordosten her auf." Trotzdem müssen uns drei Gründe dazu bestimmen, das von Cröftel kommende Thal als

---

*) Seite 5.
**) Erläuterungen zur geolog. Spezialkarte. Blatt Königstein, S. 3.

Hauptthal zu bezeichnen und für dasselbe den Namen „Schwarzbachthal" in Anspruch zu nehmen. 1. Das Dettebachthal (bez. Goldbachthal) stimmt in seiner Richtung und Form vollständig mit dem Schwarzbachthal überein; es durchsetzt wie dieses die Schichten des Taunus in genau senkrechter Richtung. Schwarzbach-, Dette- und Goldbach-Thal zeigen bei dieser Richtung dieselben steilen Gehänge, während das Daisbachthal nur gerade in der Nähe seiner Quelle diese Formen zeigt, sonst aber sehr flachwandig ist. Das Gold- und Dettebach-Thal erscheint daher, wie wir sagen können, als die obere natürliche Fortsetzung des Schwarzbachthales. 2. Das Goldbachthal ist, wie Koch selbst sagt (S. 3), wasserreicher als das Daisbachthal. 3. Der Ortsname „Kriftel", welcher dreimal vorkommt, deutet auf eine genaue Zusammengehörigkeit der von uns genannten Bäche, an denen diese Ortschaften liegen, in den Anschauungen der Bevölkerung hin. Es sind dies „Cröftel" oder „Waldkriftel" am oberen Dettebach, „Kriftel" am unteren Schwarzbach und „Okriftel" am Main, 1 km unterhalb der Mündung des Schwarzbaches in denselben.

Bei diesen Auseinandersetzungen ist das Wichtigste über das Schwarzbachthal bereits gesagt, so dass wir hier nur noch wenig hinzuzufügen haben. Der Schwarzbach entspringt östlich von Cröftel in einer Höhenlage von circa 430 m, beschreibt zunächst einen nach Süden offenen Bogen, fliesst dann unter kleinen Windungen in s.s.ö. Richtung, welche er bis zu seiner Mündung — circa 90 m hoch gelegen — in den Main beibehält. Das Thal ist ein ausgesprochenes Querthal und „macht mit seinen steilen Felswänden den Eindruck einer jungen Bildung". Gerade ober- und unterhalb Eppstein empfängt der Schwarzbach seine wichtigsten Zuflüsse: Dort auf der rechten Seite den Daisbach mit dem rechtsseitigen Nebenfluss, dem Theissbach, welcher durch ein kurzes aber deutliches Längsthal fliesst, hier auf der linken Seite den oben erwähnten Fischbach.

Das Schwarzbachthal ist, wie alle übrigen Thäler des Taunus, ein Gehängethal, obwohl es die Hauptkette des Taunus quer durchsetzt: wenn es auch nördlich von dem Hauptzuge entspringt, so ist es doch kein eigentliches Durchgangsthal (Durchbruchsthal), sondern ein durchgreifendes

Gehängethal, welches „die Hauptkette durchbricht und seinen Ursprung auf einer jenseits gelegenen Nebenkette nimmt".*)

Auf der rechten Seite des Mains beobachten wir noch drei kleine Zuflüsse, welche in ihrer Richtung von den bisherigen Zuflüssen etwas abweichen: Weil-,**) Wicker- und Käs-Bach. Es sind nur kleine Wasserläufe mit meist flachen Gehängen, von denen nur der Weilbach dadurch interessant erscheint, dass „er gegen den Main hin vor seinem Ausflusse im Sande verrinnt, und dass nur bei höherem Wasserstande der Bachlauf an dieser Stelle nicht trocken ist".***)

Von dem Käsbach an fliessen die vom nördlichen Taunusabhang kommenden Bäche dem Rheine zu, alles kurze und meist geringe Wassermengen führende Rinnsale, die bereits oben Seite 9 charakterisirt sind. Der wichtigste ist der Salzbach, welcher bei Wiesbaden das Wasser von vier Bächen — Rambach, Nerothaler, Adamsthaler und Wellritz-Bach — sammelt und durch das Wasser der Thermalquellen Wiesbadens vermehrt dem Rheine bei Biebrich zufliesst. Das Thermalwasser****) hat ihm wohl zu dem Namen Salzbach verholfen. (An festen Bestandtheilen liefert z. B. die Kochbrunnen-Quelle 0,826266 Procent, von denen 0,683565 Procent Kochsalz (Chlornatrium) sind). — Auf seiner linken Seite, 2 km oberhalb seiner Mündung in den Rhein, nimmt der Salzbach den Waschbach — auch Wäschbach genannt — auf, „wenn dieser durch Hochwasser angeschwollen ist. Dieser von Hessloch über Kloppenheim und Igstadt nach Erbenheim und weiter fliessende Waschbach ist bei den genannten Orten ziemlich wasserreich und versiegt auch in den trockenen Sommermonaten niemals;

---

*) Siehe v. Richthofen, Führer, S. 650. Jene von Richthofen für diesen Fall angenommene Nebenkette ist bei dem Taunus nicht deutlich auf Uebersichtskarten zu erkennen. Die Abdachung des Taunus nach Norden erfolgt jedoch nicht in einer geneigten Ebene, sondern in verschiedenen, der Hauptkette parallelen Zügen, welche nach Norden zu niedriger und flacher werden. Den der Hauptkette zunächst gelegenen Zug können wir durch folgende Punkte bestimmen: Gr. Eichwald (nördlich vom Gr. Feldberg) 631 m. Dreieckspunkt westlich von Oberroth 468 m, Zugmantel 492 m. Zwischen diesem Zug und der Hauptkette entspringt der Schwarzbach.

**) Nicht „die Weil"!

***) Koch, Erläuterungen, Blatt Hochheim.

****) Pro Jahr liefern die Wiesbadener Thermalquellen 675,396,000 Liter.

unterhalb Erbenheim wendet sich sein bis hierher von Norden nach Süden abfliessender Thalgrund in der Richtung gegen Westen und heisst dann Pfingstborn. Dieser Theil hat nur in der regenreichen Zeit Wasser, welches er dem Salzbach auf dem bezeichneten Wege zuführt; zu anderen Zeiten sieht man bei Erbenheim diesen Bach nach unten immer kleiner werden bis zum ausgetrockneten Bette in dem Wiesengrunde des Erbenheimer Thälchens; das Wasser verrinnt gleichsam im Sande."

„Südlich und südwestlich von Erbenheim, circa 3 km entfernt von der Stelle, an welcher der Waschbach verrinnt, befinden sich in der Gemarkung von Castel mehrere auffallende Quellengebiete in den Wiesen und unter dem aus Litorinellenkalkstein bestehenden Gehänge; diese Quellen vereinigen sich zu zwei Bächen, welche beide durch die Wallgräben von Castel in den Rhein fliessen. Der östlichste und stärkste dieser Bäche, das Königsfliess, dürfte als die Fortsetzung des Waschbachs angesehen werden. Diesen 3 km langen unterirdischen Lauf vollführt der Bach aber nicht in dem Diluvialsande, welcher das Gebiet seines Einlaufes wie das des Ausflusses bedeckt, sondern wahrscheinlich auf Klüften und Spalten des hier mächtig auftretenden Obertertiärkalkes."*)

Von Rüdesheim abwärts münden in das Rheinthal eine Reihe von Längs-- und Diagonal-Thälern, von denen das Wisperthal an Länge und Wassermenge das bedeutendste ist, während andere in dieser Hinsicht unscheinbare Thälchen und Schluchten, wie z. B. das Bodenthal in der Lorcher Gemarkung, durch den Wein, welchen sie liefern, wichtig sind.

Dass die Wisper das einzige grössere Längsthal des Taunus bildet, haben wir bereits gesagt. Ihre Quelle liegt bei Mappershain in einer Höhe von 480 m und zwar $^1/_2$ km von der circa 500 m hohen Wasserscheide gegen das Dörsbachgebiet entfernt. Dörsbach- und Wisper-Quelle sind durch diese Wasserscheide nur auf 1 km von einander getrennt.**) Das Thal folgt zunächst dem Streichen der Schichten mit einer für den Anfang ziemlich starken Einsenkung***) und bedeutendem Gefälle. Letzteres

---

*) Koch, Erläuterungen, Blatt Wiesbaden.
**) Wir werden mehrmals Gelegenheit haben, auf die grosse Nähe verschiedener Quellgebiete hinzuweisen.
***) Siehe beiliegende Profile.

beträgt, für die zwei ersten Kilometer des Wisperlaufes berechnet, fast $5^1/_2 \%$, während das Gefäll bei Geroldstein zwischen Niveaulinie 720' und 600' nur etwas über 1% beträgt. Nach kurzem Laufe ändert sich die Richtung nach Süden, während welcher die Schichten schräg durchquert werden, bis dann die Wisper dort, wo sie auf ihrer linken Seite die Vereinigung von Fischbach und Dornbach aufnimmt, wieder in die ursprüngliche Richtung übergeht, nach welcher Hauptrichtung man das Wisperthal allgemein als Längsthal bezeichnet. Der Charakter des Thales bleibt sich fast überall gleich: von Anfang bis zu Ende steile, meist waldbedeckte Gehänge, starke, besonders im Mittellaufe hervortretende Windungen und keine oder nur unbedeutende Alluvionen. Die Wisper mündet bei Lorch in den Rhein; der Spiegel des letzteren liegt dort 72 m hoch. — Ueber die auffallende Stellung des Wisperthales zu anderen Thalgebieten des Taunus in Bezug auf seine wirthschaftliche Bedeutung werden wir später sprechen.*)

Die rheinabwärts folgenden Thäler erscheinen uns als stark eingeschnittene Skulpturthäler. An ihrer Mündung liegen die wichtigeren Rheinstädtchen des rechten Ufers; wir nennen Caub an der Mündung des Blücherthals,**) St. Goarshausen an der Mündung des Schweizerthals und Hasenbachthals und Braubach an der Mündung des vereinigten Grosser und Zollbachthals.

Ein verhältnissmässig grosses Gebiet durchziehen die vom Rücken des Taunus kommenden Nebenbäche der Lahn. Unterhalb Wetzlar bis zu ihrer Mündung bei Lahnstein nimmt sie eine stattliche Anzahl von grösseren und kleineren Zuflüssen auf; die östlichsten kleinen Zuflüsse — Solms und Mett-Bach sowie die beiden westlichsten — Dörsbach und Mühlbach entspringen in dem Gebiet der nördlichen Nebenketten des Taunus, während die bedeutenderen mittleren Zuflüsse — Weil, Ems (mit Wörsbach) und Aar — ihre Quellgebiete in der ersten nördlichen Absenkung des Hauptzuges haben. Zwei derselben beginnen sogar gerade bei der bedeutendsten Erhebung des

---

*) Siehe weiter unten.
**) Es gibt auch ein linksrheinisches Blücherthal. Dieses mündet bei Bacharach in das Rheinthal.

ganzen Taunus, in der Nähe des Gr. Feldbergs. Es sind dies Weil und Ems.

Die Weil hat ihre Quelle etwas oberhalb Niederreifenberg, dem zweithöchst gelegenen Dorfe des Taunus, in einer Höhe von circa 600 Meter. Das Thal beginnt, wie das Emsthal, in der Nähe der Wasserscheide gegen das Maingebiet hin bei der Einsenkungslinie zwischen dem Kl. Feldberg und dem Glaskopf. Von dieser Linie, welche jene Wasserscheide bildet, ist die Weilquelle 2 km entfernt, von der Quelle der Ems $1^1/_2$ km und von der des Schwarzbachs $3^1/_2$ km.

Das Gefäll ist anfangs ziemlich gross und beträgt*) für den Lauf von 600 m zu 500 m fast $4^1/_2 \%$, während die daran anschliessende Strecke 500 m zu 400 m nur ein solches von $1^3/_4 \%$ zeigt. Im Profil ist der Anfang des Thales sehr flach: Die Thalwände erscheinen mehr in der Richtung des Flusslaufes als nach der Thalrinne zu gesenkt. Dann folgen bald noch in dem nordöstlichen Laufe steile Gehänge bei unbedeutender Thalsohle. Das Thal wendet sich nach Nord-West. Mehrmals beobachten wir auf dieser Strecke Thalverengungen und davor horizontale Uferlinien. Der frühere Flusslauf in der schmalen Thalsohle ist nicht überall sichtbar, da die Wiesen — zu grösserer Ausnutzung der kleinen Fläche — consolidirt sind. Wie sehr in diesem Gebiete das Wasser bei besonderen Fällen noch heute wirken kann, war am 2. Juli 1884 in Rod a. d. Weil gelegentlich eines Wolkenbruchs zu beobachten. Aus sonst wasserleeren Schluchten führte eine ungeheuere Wassermenge grosse Felsenmassen in das Dorf, setzte sie dort in beinahe meterhoher Schicht ab, so dass leichte Häusermauern diesen Druck nicht aushalten konnten und nachgaben.**) Direct unterhalb Rod beobachten wir eine beträchtliche Verengung des Thales durch nahe an den Bachlauf herantretende Felsen; das Wasser hat dort starkes Gefäll, so dass das Ganze den Eindruck macht, als ob die noch stehenden Felsen die Ueberreste grösserer zusammenhängender Felsmassen seien, welche früher hier eine Stauung des Wassers und einen Wasserfall veranlassten. — Das Thal behält seinen Charakter

---

*) Nach einer Ravenstein'schen Karte 1:170,000 taxirt.
**) Die grösste Anhäufung von Schutt ist gleich nach dem Ereigniss photographisch aufgenommen worden. Die Photographie wurde mir in Rod gezeigt.

— steile Gehänge und geringe Thalsohle — bis zur Lahn bei; nur zuweilen, z. B. bei Weilmünster, erscheint die flache Thalsohle von grösserer Breite und die Gehänge etwas weniger stark geneigt. — Wichtige Seitenthäler sind nicht vorhanden: das Fehlen derselben ist durch die Nähe anderer Gebiete zu erklären. So ist z. B. zwischen Brombach und Hundstall das Usagebiet im Osten nur 1 km, bei Weilmünster das Mettbachgebiet gleichfalls im Osten nur $1^1/_2$ km und bei Winden das Emsgebiet im Westen nur $2^1/_2$ km entfernt, obwohl hier die geradlinige Entfernung der Ems von der Weil in der Richtung des Weyerer Baches fast 15 km beträgt. Ein Kilometer unterhalb Weilburg mündet die Weil in die Lahn, deren Spiegel dort 127 m hoch liegt.

Das an das Weilgebiet sich westlich anschliessende Thalgebiet ist das der Ems, welches nach Koch seine Entstehung einer Spaltung verdankt, wodurch das Abweichen desselben von der gemeinschaftlichen Form der übrigen Thäler begründet wird. Die Ems entspringt bei der gelegentlich der Weilquelle erwähnten Wasserscheide in der Höhe von 650 m, noch nicht 1 km von der Quelle des zum Main fliessenden Liederbaches, $1^1/_2$ km von der Weilquelle und $2^1/_2$ km von der Schwarzbachquelle entfernt. Wir sehen also, dass hier das wichtigste Quellencentrum des ganzen Taunus ist.

Bei ihrem ersten nach Nord-West gerichteten Lauf hat die Ems ein sehr starkes Gefäll: nach der Ravenstein'schen Karte 1:170.000 beträgt es für die Niveaulinien 650 m bis 350 m berechnet $7^1/_2$ %. Eine grosse Anzahl kleiner Wasserfälle bekunden es gleichfalls. Das Thal ist bei seinem Anfang wenig eingeschnitten, grobes Geröll und einzelne grössere Blöcke bedecken die flachen Gehänge. Sowie die Ems aus dem Walde heraustritt, verflacht sich der Thalboden, ohne jedoch eben zu werden. Hier deckt der Rasen schon abgerundete Quarzitstücke, während sich auf der linken Thalseite Wisperschiefer als das erste anstehende Gestein zeigt. Vor Oberems war der erste Abschluss des Thales durch grössere Felsmassen, so dass man oberhalb frühere Uferlinien beobachten kann. Bald danach erweitert sich das Thal etwas, wobei der Wisperschiefer senkrecht zur Streichungsrichtung durchquert wird. Die Schichten fallen hier ungefähr nach SSO ein. Bald unterhalb Wüstems wendet die Ems sich in scharfem Bogen nach Westen. Die Schichten zeigen fast dasselbe Streichen, aber ein anderes Einfallen, wenigstens auf der Nordseite: hier fallen sie ungefähr nach NO ein. Auf der Südseite sind sie steil aufgerichtet oder weichen doch wenig von der vertikalen Richtung ab, häufig aber sind sie stark gefaltet. Vor Esch werden die Schichten in sehr spitzem Winkel von der Ems durchbrochen; schliesslich fliesst sie denselben parallel. Nach der nun folgenden Wendung des Thales nach NW erweitert sich dasselbe, die Gehänge werden flach und die begleitenden Höhen ragen wenig über die Thalsohle hervor. Erst bei Oberselters verengert sich das Thal wieder, erweitert sich am bedeutendsten kurz vor der Mündung des Wörsbachs — des grössten Zuflusses der Ems — und schliesst sich direkt wieder nach dessen Mündung. Auf der ganzen letzten Strecke streichen die Schichten, meist steil aufgerichtet, quer zum Thal. Vor ihrer Mündung in die Lahn erscheint die Ems in dem Schwemmlande, in welches sie tief einschneidet, so getheilt, dass man annehmen kann, sie habe sich in früheren Epochen in einem Delta in die Limburger Bucht ergossen. Ihre jetzige Mündung liegt 109 m hoch. Auffallend könnte vielleicht erscheinen, dass an der Mündung dieses wichtigsten Lahnzuflusses von der linken Seite nur das kleine Dorf Mühlen sich entwickelt hat. Dieser Umstand findet leicht darin seine Erklärung, dass in dieser Gegend für die Entwickelung einer grösseren Lahnstadt auch die Strassen, welche von Norden, bezüglich von Nordwesten kommen, massgebend sind. Diese alten Strassen kamen bei der Mündung der Elb zusammen, und zwischen Elb- und Ems-Mündung, also an der für den Verkehr nach Norden wie nach Süden günstigsten Stelle, in der Mitte des Lahnbeckens, entstand Limburg.

Bei den zwei zuletzt betrachteten linksseitigen Lahnzuflüssen — Weil und Ems — liegen die Quellen nahe zusammen bei dem Gr. Feldberg, ihre Mündungen sind dagegen beinahe 15 Kilometer von einander entfernt. Das Verhältniss zwischen der Ems und dem folgenden Zufluss — der Aar — ist gerade umgekehrt: die Quellen der Aar und Ems liegen 16 Kilometer von einander, die Entfernung ihrer Mündungen beträgt weniger als die Hälfte. Trotzdem rücken Ems- und Aar-Gebiet als Grenzgebiete nahe aneinander und zwar durch den Wörsbach, bezüglich durch einen seiner Zuflüsse, den Auroffer Bach. Die Quelle des letzteren liegt nicht ganz 2 km von der Aarquelle entfernt. Diese Wasserscheide der beiden Gebiete ist dadurch noch von Interesse, dass sie bei der Anlage des Pfahlgrabens (oder des Pfals, wie Rossel schreibt) von den Römern benutzt wurde.

Von ihrer Quelle ab — 433 m hoch — fliesst die Aar in südlicher Richtung mit einem Gefäll von 1,5 % bis zu ihrer ersten Biegung bei Neuhof, von wo an sie der Streichungsrichtung des Wisperschiefers folgt. Die Thalwände sind zunächst flach — wie sich aus den Profilen ergibt —; eine eigentliche Thalsohle ist auf dem nach Süden gehenden Laufe nicht vorhanden. In dem nun folgenden Theile von Neuhof bis circa zwei Kilometer unterhalb Bleidenstadt mit der Richtung ONO-WSW ist das Thal ein Längsthal, dessen linke Seite zu den bedeutendsten Erhebungen dieses Theils der Haupttaunuskette emporsteigt, während die rechte Seite einer nördlich vorgelagerten Kette angehört, die ihrerseits für diese Strecke den Anfang der nördlichen Abdachung des Taunus bildet. Von den naheliegenden Höhepunkten wollen wir zur Charakteristik dieser Thatsache einige hier anführen.

Linke Seite:

		Rechte Seite:	
Hohewald	575,35 m	Auf dem Berg .	452,57 m
Eichelberg	536,00 „	Halberg . .	431.54 „
Altenstein . .	501,10 „	Hardt . .	432.49 „
Hahner Biegel .	547.67 „	Hopfenstein .	485.53 „
Hohe Wurzel . .	617,97 „	Rüsselstein . .	442.21 „

Auf der genannten Strecke — 6,5 km lang — zeigt sich das Alluvium in ziemlicher Ausdehnung. Hier finden sich im Aarthale selbst die Orte Neuhof, Wehen, Hahn und Bleidenstadt, während auf der nun folgenden Durchbruchsstrecke sich bis Michelbach — circa 18 Kilometer, also dreimal so lang als die obere — im Thale selbst nur der kleine Ort Adolfseck findet. Die Strecke von Bleidenstadt bis Michelbach ist durch die häufigen Windungen, durch steile Abhänge — wie aus den Profilen hervorgeht - und unbedeutende Thalsohle charakterisirt. Zugleich sehen wir bei den Profilen, dass beide Gehänge im wesentlichen gleich gestaltet und die Erhebungen auf beiden Seiten ungefähr gleich hoch sind.

Wenn hier auch die Ortschaften fehlen, so ist dieser Theil des Thales doch reich an Mahlmühlen, deren wir nicht weniger als 20 zählen. Das Gefäll ist für dieselben noch recht günstig: es beträgt für die Niveaulinie 1020' und 960', der Thalsohle nach berechnet $^5/_6\,^0/_0$. Unterhalb der Durchbruchsstrecke, für die Niveaulinien 600' bis 510' in gleicher Weise berechnet, sinkt dasselbe auf $^{25}/_{44}\,^0/_0$, d. h. ungefähr auf $^1/_2\,^0/_0$ herab.

Von Michelbach ab werden die Gehänge allmählich flacher, die Sohle nimmt an Breite zu, so dass wir hier wieder eine grössere Anzahl von Ortschaften finden: Hausen, Rückershausen, Schiesheim, Hahnstätten, Ober-Neisen, Nieder-Neisen, Flacht, Holzheim, Freiendiez und — an der Mündung der Aar in die Lahn — Diez, also auf 16 Kilometer gerader Thalrichtung 10 Ortschaften. Dieser Theil ist der fruchtbarste des ganzen Thales, und während in der Durchbruchsstrecke die umgebenden Höhen und Gehänge meist mit Wald bedeckt sind, sehen wir hier auf den Gehängen und zum Theil auch auf den Höhen gut bebautes Ackerland. Nach dem Gesagten lässt sich das Aarthal, bezüglich der Lauf der Aar, leicht in drei Theile gliedern: der Oberlauf in der Richtung NO-SW, den Schichten folgend, reicht von der Quelle bis zu dem „Hähnchen" unterhalb Bleidenstadt, der Mittellauf von da bis Michelbach, die Schichten quer und tief durchsetzend, in der Richtung SSO-NNW und der Unterlauf von Michelbach nördlich und zuletzt nordwestlich bis zur Mündung in die Lahn, wo diese eine Höhenlage von 102 m hat.

Der Dörsbach entspringt nordwestlich von Langenschwalbach dicht bei dem Erlenhof 471 m hoch, nur 500 m von der bei der Wisper*) angegebenen Wasserscheide entfernt. Das Gefäll beträgt von der Quelle bis zur Niveaulinie 1260' $2^2/_3\,^0/_0$, geht dann in dem flachmuldigen Gebiete von Katzenelnbogen — für die Niveaulinie 960' bis 840' berechnet — bis auf $^4/_5\,^0/_0$ herunter und steigt wieder im unteren Laufe, im sogenannten Jammerthale, unterhalb der Neuwagenmühle — für Niveaulinie 600' bis 480' berechnet — auf $1^1/_2\,^0/_0$, für Niveaulinie 720' bis 600' sogar auf $1^7/_{10}\,^0/_0$. Die Steilheit der Thalgehänge ergibt sich aus den Profilen, für die freilich gerade extreme Punkte genommen sind. So wechselvoll der Lauf des

---

*) Siehe Seite 24.

Dörsbaches auch erscheint, so einheitlich ist doch der Charakter des unteren Thales: die Profile von den Partien, in denen der Dörsbach die Schichten durchsetzt, sind fast dieselben wie dort, wo er vor Aufnahme des Hasenbachs den Schichten folgt. Ungemein steile Gehänge*) kennzeichnen auf den beiden Strecken das Thal, in welchem noch heute die stark wirkende Erosionsthätigkeit des Wassers zu beobachten ist. Das Wasser unterminirt die das Ufer bildenden Felsen; an einzelnen Stellen sehen wir deutlich in denselben die fast horizontal ziehenden Erosionsstreifen; Abstürze in das Thal sind daher nicht selten. So mag es kommen, dass das Geröll in dem Unterlaufe des Dörsbaches nicht aus Sand, Kies oder Kiesel besteht, sondern aus platten Steinen, wie wir sie ähnlich nur noch bei dem Mühlbach finden. Eine breitere, flache Thalsohle ist in dem ganzen unteren Theile des Thales nicht vorhanden. Nur gerade bei seiner Mündung in die Lahn — 87 m hoch — ist eine geringe Erbreiterung zu sehen.

Die häufigen Aenderungen in der Richtung des Thales — erst nach N, dann nach NO, dann nach NW, dann nach W, dann nach NW, dann nach WSW und schliesslich im Bogen wieder nach N — sind vielleicht nach v. Richthofen**) dadurch zu erklären, dass das Dörsbachthal, wie es bei Betrachtung der Karte sofort erscheint, ein Diagonalthal ist, welches verschieden harte Schichten durchsetzt und bei dem Aus- und Eintreten aus den verschiedenen Schichten seine Richtung regelmässig ändert.

Wie sehr die Form des Thales bedingend auf die Anlage menschlicher Niederlassungen in denselben einwirkt, lässt sich gerade bei dem Dörsbach deutlich erkennen, und wollen wir, wie wir es auch bei dem Aarthal gethan haben, diese Verhältnisse — exempli causa — genauer angeben: Klingelbach liegt ungefähr in der Mitte des Laufes. Unterhalb beginnen bald die steilen Gehänge: kein einziges Dorf entstand hier, nur Mühlen finden sich vor, die meist schlecht rentiren. Von Klingelbach aufwärts erweitert sich das Thal; trotz der höheren Lage konnten sich hier - den Verhältnissen nach — grössere Wohnplätze bilden. So (von Klingelbach aufwärts gehend) Katzenelnbogen, Dörsdorf, Eisighofen, Reckenroth, Laufenfelden und Huppert

---
*) Zum Vergleich lege ich ein Profil durch den Lurlei-Felsen in gleichem Massstabe bei.
**) Siehe v. Richthofen, Führer etc., S. 169 f. u. 172 f.

mit zusammen 3558 Einwohnern, während das ganze durch die Seitenthäler vermehrte Dörsbachthal-Gebiet — das am zweitschwächsten besiedelte Thalgebiet des Taunus — mit den noch hinzutretenden Ortschaften nur 8255 Einwohner zählt.

Das **Mühlbachthal** nimmt seinen Anfang an der Einsenkung zwischen Hinterlöherkopf und Ziegenkopf. Diese Einsenkung bildet die Wasserscheide zwischen dem Wispergebiet und dem Mühlbach, welcher nur $^1/_2$ km davon entfernt in der Höhe von 436 m entspringt. In Bezug auf Gefäll und Form — ohne Berücksichtigung der Richtung — hat das Mühlbachthal eine grosse Aehnlichkeit mit dem Dörsbachthal. Auch hier senkt sich das Thal stark in seinem Anfang, das Gefäll beträgt für die Niveaulinien 1380' bis 1200' $4^3/_5\,^0/_0$, dann nimmt es, wie dort, allmählich ab — bei Nastätten circa $1\,^0/_0$ — und wird, wie bei dem Dörsbach, wieder bedeutender — bei der Alte Burg (480' bis 360') $1^7/_{10}\,^0/_0$.

Auch hier haben wir die bedeutendste Thalerweiterung in der Mitte des Laufes, während wir in dem unteren Theile desselben ähnliche schluchtenförmige Bildungen sehen wie bei demselben Theile des Dörsbachthales. Die Richtung des Thales ist — abgesehen von den kleinen Windungen — durchweg eine nord-nord-westliche. Die Mündung des Mühlbachs in die Lahn liegt circa 80 m hoch.

Wir haben schon bei zwei Thälern gezeigt, unter welchen Bedingungen die Thäler wichtig und weniger wichtig für die menschlichen Niederlassungen sein können. Wir halten den Gegenstand einer genaueren Untersuchung werth und wollen daher die sämmtlichen Thalgebiete in dieser Beziehung mit einander vergleichen.

Vorausgeschickt sei die Bemerkung, dass wir in dem Taunusgebiete 452 Ortschaften zählen, von denen 218 in einem Thal, 119 an der Vereinigung zweier oder mehrerer Thäler und 115 **nicht** in einem Thale liegen, von denen jedoch eine beträchtliche Anzahl Beziehungen zu bestimmten Thalgebieten hat. Nach Procenten berechnet erhalten wir $74.5\,^0/_0$ der Ortschaften überhaupt in Thälern, von denen $28.5\,^0/_0$ speziell an der Vereinigung mehrerer Thäler liegen.

Wir lassen nun eine Liste sämmtlicher in den 7 Thalgebieten des Taunus gelegenen Ortschaften folgen und schliessen an diese Liste die weitere Besprechung an.

Bevölkerungsverhältnisse der einzelnen Thalgebiete.*)

I. Schwarzbachthalgebiet.

A. Eigentliches Schwarzbachthal.
1. Eppstein . 718
2. Lorsbach . 585
3. Hofheim . . 2 309
4. Kriftel . . 702
5. Hattersheim 1 152

Summa 1—5 = 5 466

B. Seitenthälergebiet.
6. Lenzhahn . . 77
7. Ober-Seelbach . 144
8. Nieder-Seelbach 365
9. Engenhahn . 231
10. Königshofen . 304
11. Niedernhausen . 509
12. Ober-Josbach 389
13. Nieder-Josbach . 415
14. Bremthal . . 475
15. Oberroth \
16. Niederroth / 224
17. Cröftel . . 219
18. Glashütten . 233
19. Schlossborn . 594
20. Ehlhalten 351
21. Eppenhain . 149
22. Vockenhausen . 490
23. Ruppertshain 303
24. Fischbach . . . 628

Summa 6—24 = 6 100
„ 1—5 = 5 466

Gesammtsumme 11 566

II. Wisperthalgebiet.

A. Wisperthal.
1. Wisper . . 121
2. Geroldstein**) 100
3. Lorch (Rhein) . . 2 152

Summa 1—3 = 2 373

B. Seitenthälergebiet.
4. Lipporn . . 278
5. Wollmerschied . 223
6. Ransel . . 351
7. Espenschied . 300
8. Langenschied 215
9. Nauroth . 220
10. Hilgenroth . 86
11. Dickschied**) 292
12. Mappershain 137
13. Springen . 266
14. Watzelhain . 195
15. Ramschied . 185
16. Langenseifen 239
17. Fischbach . . . 237
18. Hausen v. d. Höhe 402
19. Ober-Gladbach . 257
20. Nieder-Gladbach 260
21. Pressberg 530
22. Sauerthal . 272

Summa 4—22 = 4 945
„ 1—3 = 2 373

Gesammtsumme 7 318

III. Weilthalgebiet.

A. Weilthal.
1. Nieder-Reifenberg 620
2. Schmitten 754
3. Dorfweil . 363
4. Brombach 223
5. Hundstall 122
6. Altweilnau 203
7. Neuweilnau . . 141
8. Rod a. d. Weil . 427
9. Emmershausen . 303
10. Winden 69

Summa 1—10 = 3 225

---

*) Die Einwohnerzahlen sind nach der Volkszählung vom 1. Decbr. 1885 angegeben.

**) Geroldstein und Dickschied bilden zusammen eine Gemeinde, deren Einwohnerzahl auf 392 angegeben ist. Die von uns gesetzten Zahlen beruhen auf Schätzung.

— 34 —

	Transport	3 225
11.	Audenschmiede	53
12.	Weilmünster	1 411
13.	Lützendorf	125
14.	Ernsthausen	487
15.	Eschershausen	220

Summa 1—15 = 5 521

B. Seitenthälergebiet.

16.	Ober-Reifenberg	683
17.	Arnoldshain	596
18.	Oberlauken	214
19.	Niederlauken	226
20.	Gemünden	245
21.	Laubach	277
22.	Wilhelmsdorf	95
23.	Hundstadt	311
24.	Naunstadt	163
25.	Grävenwiesbach	639
26.	Mönstadt	200
27.	Heinzenberg	246
28.	Laimbach	166
29.	Edelsberg	408
30.	Cubach	653
31.	Seelenberg	292
32.	Mauloff	147
33.	Finsternthal	143
34.	Treisberg	79
35.	Riedelbach	339
36.	Cratzenbach	131
37.	Hasselbach	781
38.	Langenbach	309
39.	Laubuseschbach	1 000
40.	Rohnstadt	299
41.	Aulenhausen	281
42.	Blessenbach	583
43.	Elkerhausen	570
44.	Weinbach	885
45.	Freienfels	235

Summa 16—45 = 11 196
„ 1—15 = 5 521

Gesammtsumme 16 717

IV. Emsthalgebiet.

A. Emsthal.

1.	Oberems	269
2.	Wüstems	183
3.	Niederems*)	171
4.	Esch	615
5.	Walsdorf	764
6.	Würges	1 010
7.	Camberg	2 373
8.	Erbach	1 096
9.	Oberselters	567
10.	Niederselters	1 472
11.	Oberbrechen	1 306
12.	Niederbrechen	1 547
13.	Ennerich	346
14.	Mühlen	214

Summa 1—14 = 11 933

B. Seitenthälergebiet.

15.	Reichenbach	231
16.	Reinborn*)	86
17.	Steinfischbach	467
18.	Dombach	315
19.	Schwickershausen	363
20.	Haintgen	643
21.	Eisenbach	1 281
22.	Wolfenhausen	861
23.	Münster	1 280
24.	Weyer	909
25.	Heftrich	678
26.	Bermbach	365
27.	Dasbach	124
28.	Idstein	2 357
29.	Wörsdorf	810
30.	Eschenhahn	182
31.	Ehrmbach	129
32.	Ober-Auroff	99
33.	Nieder-Auroff	127
34.	Kesselbach	122
35.	Görsroth	306

Summa 15—35 = 11 735

*) Niederems und Reinborn bilden eine Gemarkung mit 257 Einwohnern. Die für beide oben angegebenen Ziffern beruhen auf Schätzung.

Transport 11 735

36. Wallbach 199
37. Wallrabenstein . . 526
38. Bechtheim . . 260
39. Beuerbach 389
40. Ohren . . 402
41. Kirberg 1 127
42. Dauborn-Eufingen . 1 349
43. Neesbach . . 489
44. Werschau 421

Summa 15—44 = 16 897
" 1—14 = 11 933

Gesammtsumme 28 830

V. Aarthalgebiet.

A. Aarthal.

1. Neuhof 532
2. Wehen 956
3. Hahn . . . 370
4. Bleidenstadt 704
5. Adolphseck . 125
6. Michelbach . . 585
7. Hausen üb. Aar 266
8. Rückershausen . 454
9. Schiesheim . . 99
10. Hahnstätten . 1 094
11. Ober-Neisen . 518
12. Nieder-Neisen 860
13. Flacht 603
14. Holzheim . 505
15. Freiendiez . . 1 076
16. Diez (Lahn) 4 173

Summa 1—16 = 12 920

B. Seitenthälergebiet.

17. Orlen . . 288
18. Hambach . . 123
19. Ober-Libbach . 163
20. Nieder-Libbach 213
21. Limbach . . . 272

17—21 = 1 059

Transport 1 059

22. Strinz-Trinitatis . . 360
23. Strinz-Margarethae 395
24. Hennethal 320
25. Daisbach . 238
26. Kettenbach . 397
27. Wingsbach 197
28. Watzhahn 103
29. Born . . 261
30. Steckenroth . 337
31. Breithardt . . . 626
32. Holzhausen üb. Aar . 711
33. Panrod . . . 420
34. Ketternschwalbach 264
35. Burgschwalbach 638
36. Kaltenholzhausen . 436
37. Netzbach . 230
38. Heringen . 628
39. Mensfelden . . 1 051
40. Seitzenhahn . . 286
41. Hettenhain . . . 270
42. Langenschwalbach . 2 658
43. Heimbach 170
44. Lindschied 170
45. Hohenstein . 318
46. Mudershausen 299
47. Lohrheim 390

Summa 17—47 = 13 232
" 1—16 = 12 920

Gesammtsumme 26 152

VI. Dörsbachthalgebiet.

A. Dörsbachthal.

1. Huppert . . 226
2. Laufenselden 1 153
3. Reckenroth . 209
4. Eisighofen 214
5. Dörsdorf . . 252
6. Katzenelnbogen 1 114
7. Klingelbach . 390

Summa 1—7 3 558

B. Seitenthälergebiet.

8. Berghausen		231
9. Allendorf		310
10. Ebertshausen		115
11. Ergeshausen		113
12. Herold		263
13. Kördorf		578
14. Attenhausen		512
15. Seelbach		427
16. Berndroth		319
17. Ober-Fischbach		214
18. Mittel-Fischbach		89
19. Rettert		451
20. Ober-Tiefenbach		326
21. Nieder-Tiefenbach		273
22. Roth		244
23. Lollschied		232
Summa 8—23	=	4 697
„ 1—7	=	3 558
Gesammtsumme		8 255

VII. Mühlbachthalgebiet.

A. Mühlbachthal.

1. Welterod	429
2. Strüth	354
3. Diethardt	251
4. Nastätten	1 575
5. Miehlen	1 322
6. Marienfels	303
7. Bergnassau-Scheuern	655
Summa 1—7 =	4 889

B. Seitenthälergebiet.

8. Weidenbach	127
9. Zorn	363
10. Algenroth	87
11. Ober-Meilingen	76
12. Nieder-Meilingen	285
13. Münchenroth	46
14. Egenroth	220
15. Grebenroth	229
16. Martenroth	72
17. Buch	290
18. Bettendorf	208
19. Pohl	248
20. Hunzel	196
21. Berg	162
22. Lautert	196
23. Oelsberg	304
24. Endlichhofen	137
25. Ruppertshofen	324
26. Casdorf	218
27. Himmighofen	279
28. Gemmerich	450
29. Pissighofen	139
30. Winterwerb	117
31. Ober-Bachheim	155
32. Nieder-Bachheim	209
33. Ehr	77
34. Kehlbach	131
35. Dessighofen	120
36. Geisig	330
37. Schweighausen	192
38. Dornholzhausen	209
39. Oberwies	117
40. Sulzbach	268
41. Dienethal	194
Summa 8—41 =	6 775
„ 1—7 =	4 889
Gesammtsumme	11 664

Uebersicht der Bevölkerung in den Hauptthälern:

1. Aarthal	12 920		5. Mühlbachthal	4 889
2. Emsthal	11 933		6. Dörsbachthal	3 558
3. Weilthal	5 521		7. Wisperthal	2 343
4. Schwarzbachthal	5 466			

Uebersicht der Bevölkerung in den Thalgebieten
(Haupt- und Seitenthäler zusammengenommen):

1. Emsgebiet	28 830	5. Schwarzbachgebiet	11 566
2. Aargebiet	26 152	6. Dörsbachgebiet	8 255
3. Weilgebiet	16 717	7. Wispergebiet	7 318
4. Mühlbachgebiet	11 664		

In den beiden Verzeichnissen*) finden wir von den sieben Thälern bezüglich Thalgebieten die Nummern 3, 6 und 7 an derselben Stelle. Die Aenderung in der Stellung der anderen bedarf der Erklärung.

Als das am meisten bevölkerte Hauptthal bemerken wir das Aarthal; es muss jedoch in der zweiten Liste der Ems weichen, da deren Gebiet durch den Wörsbach, welcher fast dieselbe Bedeutung in Richtung und Bodenbildung hat wie das Hauptthal, zu dem er gehört, in sehr bedeutendem Masse erweitert erscheint.

Dass der Schwarzbach in der ersten Liste an vierter Stelle steht, während er in der zweiten Liste erst die folgende Stelle einnimmt, kommt daher, dass in dem unteren fast vollständig ebenen Theil seines Gebietes zwei grössere Ortschaften an ihm liegen. In diesem in Bezug auf Boden und Klima sehr günstigen Theile des ganzen Schwarzbachgebietes nimmt der Schwarzbach jedoch keine Zuflüsse mehr auf, so dass diese bevorzugte Gegend nicht auch zugleich auf die Bevölkerungszahl des Gebietes der Seitenthäler einwirken kann.

Hierdurch ist der Wechsel in beiden Listen zwischen Aar und Ems und zwischen Schwarzbach und Mühlbach erklärt. Auffallend bleibt zunächst nur bei Betrachtung der Listen, dass von den drei Thälern: Weil-, Schwarzbach- und Mühlbachthal, welche ungefähr dieselbe Bevölkerungsziffer in den Hauptthälern haben, die beiden zuletzt genannten hinter dem Weilthal in Bezug auf die Bevölkerungsziffer des Gesammtgebietes zurückbleiben. Doch erklärt sich dieses Verhältniss sehr leicht durch Berücksichtigung der Grösse der Gebiete, wobei wir sehen, dass das Weilgebiet die beiden andern weit übertrifft. Ueberhaupt

---

*) Ein drittes Verzeichniss über die Bevölkerung der Seitenthäler hätte hinzugefügt werden können. Es ergiebt sich jedoch direkt als Differenz der beiden; da es weiter keine Wichtigkeit hat, wurde es weggelassen.

müssen die oben mitgetheilten Bevölkerungszahlen, um ihre vollkommene Bedeutung zu erhalten, auf die einzelnen Gebietsflächen bezogen werden. Die Grösse dieser Gebiete beträgt in Quadratkilometern:

1. Aargebiet   305 qkm
2. Emsgebiet .   298 „
3. Weilgebiet   214 „
4. Wispergebiet .   206 „
5. Mühlbachgebiet . 186 „
6. Schwarzbachgebiet . 135 „
7. Dörsbachgebiet .... 131 „

Die Flächen sind nach der Preuss. Generalstabs-Karte 1:100,000 gemessen und berechnet. Für die Länge wurden hierbei Zehntel Kilometer als Minimum des Masses genommen, zuweilen wurde auch auf $^1/_2$ Zehntel geschätzt. Für die sich durch Messung und Berechnung ergebenden einzelnen Theilflächen (Dreiecke) wurden die gefundenen Hundertstel Quadratkilometer natürlich in Ansatz gebracht, bei der Gesammtsumme wurde jedoch, da das Resultat nicht absolut genau sein kann, nach bekannten Gesichtspunkten auf ganze Quadratkilometer abgerundet.

Aus der letzten Liste und der Bevölkerungsliste der Thalgebiete berechnet sich die Bevölkerungsdichte wie folgt:

Bevölkerung pro qkm:
1. Emsgebiet .   96,7
2. Aargebiet . . .   85,7
3. Schwarzbachgebiet .   85,6
4. Weilgebiet .   73,4
5. Dörsbachgebiet   63,0
6. Mühlbachgebiet .   62,7
7. Wispergebiet 35,5

Wir sehen hieraus, dass nur ein Gebiet über den Durchschnitt der Bevölkerungsdichte des Deutschen Reiches (87 pro Quadratkilometer) hinausgeht, das Emsgebiet. Zwei Thalgebiete, das der Aar und des Schwarzbachs, haben mit 85,7 bez. 85,6 pro qkm ungefähr den deutschen Durchschnitt, während die vier übrigen Gebiete alle wesentlich hinter demselben zurückbleiben. So zeigt das Weilgebiet eine Differenz von 14, welche jedoch nicht auffallend ist, da weder das Weilthal selbst noch seine Seitenthäler irgend welche namhaften Erweiterungen zeigen und nicht solche Alluvionen aufzuweisen haben wie z. B. Ems- und Aarthal.

Bedeutender bleiben schon die beiden Gebiete des Dörsbachs und Mühlbachs hinter dem Durchschnitt zurück, nämlich um 20. In beiden Fällen geben sicher die ungünstigen morphologischen Verhältnisse des Unterlaufes von Dörsbach und Mühlbach die Erklärung für diese ungünstigen Ziffern. Während nämlich bei der Ems und der Aar nach deren Unterlauf hin die allmählich flacher und niedriger werdenden Thalwände immer weiter auseinander und einer breiten fruchtbaren Thalsohle Platz geben, rücken sie bei Dörsbach und Mühlbach immer näher an einander heran; zu Ansiedelungen ist hier keine örtliche Gelegenheit gegeben.

In höchstem Grade auffallend ist aber die Ziffer, welche wir für das Wispergebiet erhalten; sie beträgt nur zwei Fünftel des deutschen Durchschnitts. Der am geringsten bevölkerte Theil der Eifel auf dem Hochlande, der preuss. Kreis Prüm, zeigt sogar noch etwas höhere Ziffer; die Bevölkerungsdichte beträgt dort nach Delitsch*) 2077 pro ☐Meile, d. h. 38 pro qkm.

Es müssen zu den morphologischen Bedingungen noch andere hinzutreten, welche jene Verhältnisse rechtfertigen. Als erklärendes Moment**) ist hier zunächst anzugeben, dass das ganze Gebiet im Hunsrückschiefer liegt. Gerade der Boden im Hunsrückschiefer ist besonders arm: sowie man aus den Hunsrückschichten in Coblenzschichten kommt, beobachtet man bessere Verhältnisse. Der Hunsrück ist, wie bekannt, eine arme Gegend und selbst der Wald dort ist schlecht. Mit der Höhenlage hängt dies keinesfalls zusammen, denn selbst der hohe Westerwald ist besser.

Und dabei ist die erhaltene Ziffer — 35,5 pro qkm — für das ganze Wisper-Gebiet noch relativ hoch; denn es ist Lorch am Rhein, d. h. an der Mündung der Wisper in den Rhein, noch mit in das Gebiet eingerechnet. Lassen wir Lorch ausser Berechnung — und wir können es, da Lorch seine

---

*) Delitsch, Dr. Otto, Kartographische Darstellung der Bevölkerungs-Dichtigkeit von Westdeutschland, 1866. S. 12. Mit Zugrundelegung der Zählung von 1885 beträgt die Dichte genau 37,7 pro qkm.

**) Mündliche Mittheilung von Herrn Professor Dr. Kayser.

Bedeutung doch durch den Rhein und nicht durch die Wisper erhält — so bekommen wir als Bevölkerungsdichte des Wispergebietes nur **25,0.** Diese überaus niedrige Bevölkerungsdichte muss uns bei dem einzigen grösseren Längsthal des Taunusgebietes noch umsomehr auffallen, als in dem unteren Theile des Thales bedeutender Bergbau — Dachschiefer — betrieben wird. In der Oberflächenform allein kann die niedrige Zahl nicht begründet sein, denn andere Taunusthäler zeigen ähnliche Bildung. Es tritt zu den morphologischen Bedingungen noch ein zweites Moment, auf welches wir durch Betrachtung der **pflanzenphänologischen Karte der Umgegend von Frankfurt a. M.** von Dr. Julius Ziegler*) und durch dessen Bemerkung über das Köpperner Thal**) hingeführt werden. Die Karte, hervorgegangen aus der geographischen Anstalt von L. Ravenstein, umfasst das Gebiet zwischen 50° und 50° 18' n. Br. und 26° und 26° 30' ö. L. von Ferro.***) Sie ist im Massstabe 1:170,000 gezeichnet. Terraindarstellung durch Isohypsen im Abstande von 50 zu 50 Metern, für mehr ebenes Terrain im Abstande von 10 zu 10 Metern. Auf der Karte selbst ist noch angegeben, dass die Farbentöne den Unterschied des Eintritts der Vegetationserscheinung im Frühling im Vergleich zu Frankfurt bezeichnen und dass „die Beobachtungen die vier Jahre 1880—83 umfassen."

Auf dieser Karte sehen wir nun eingezeichnet, dass der Eintritt der Vegetation im **Köpperner Thal** (ungefähr 4 km westlich von Köppern) 26--30 Tage hinter Frankfurt zurück ist, gerade so viel Tage als der höchste Theil des Altkönigs, welcher jedoch 798 m hoch ist, während das Köpperner Thal an der bezeichneten Stelle mit seiner Sohle ungefähr eine Höhenlage von 250 m hat. Seine Richtung ist dort eine westöstliche:

---

*) Bericht über die Senckenbergische naturforschende Gesellschaft. 1882 83. Frankfurt a. M. 1883. 1. Erläuternde Bemerkung zur pflanzenphänologischen Karte der Umgegend von Frankfurt a. M. S. 305 ff.

**) l. c. S. 308.

***) Die Karte enthält dieser Begrenzung entsprechend von den sieben grösseren Taunusthälern nur das Schwarzbachthal und den Anfang des Ems- und Weilthals, ist jedoch nicht nur für dieses Gebiet speziell, sondern auch durch Verallgemeinerung der beobachteten Erscheinungen für das ganze Gebiet des Taunus von sehr grossem Werthe.

das Thal ist gerade hier stark eingeschnitten; thalauf- und thalabwärts sind die Gehänge weit flacher; zugleich ist aber ober- und unterhalb die Richtung eine andere. Vergleichen wir hiermit auf der Karte das dort auch stark eingeschnittene Schwarzbachthal in ungefähr gleicher Höhenlage, so finden wir dort noch oberhalb Eppstein nur einen Unterschied von 6 bis 10 Tagen gegen Frankfurt, ja in dem circa 200 m hoch liegenden Theile bei Lorsbach nur ein Zurückbleiben von 1—5 Tagen. Hier ist die früher eintretende Vegetation, d. h. die bessere Erwärmung in der meist südlichen Richtung des Thales begründet.

Freilich sehen wir auch, dass das obere Emsthal in der Höhe von 300 m, wo es ost-westliche Richtung hat und ziemlich flachwandig ist, nur 6—10 Tage später ist als Frankfurt. Wir beobachten also, dass für die Thäler in Bezug auf die Zeit des Eintrittes der Vegetationserscheinungen — die uns offenbar einen Massstab zur Beurtheilung der Güte einer Gegend abgeben — zwei Faktoren bestimmend sind: Die Gestaltung des Thales und die Richtung desselben. Und jetzt müssen wir auf jenes gesuchte zweite Moment hinweisen, auf die durch diese beiden Faktoren alterirten klimatischen Einflüsse, welche bei den phänologischen Beobachtungen — wie wir stillschweigend annehmen — zunächst von der Sonnenstrahlung ausgehen und sich dann in den durch die Windrichtung bedingten Niederschlagsmengen*) zeigen.

Alle drei klimatischen Agentien — Sonnenstrahlung, Wind und Niederschlag, — welche wir vielleicht als atmosphärische Wirkungsglieder bezeichnen könnten, stehen für unsere Thäler mit den beiden genannten tellurischen Wirkungsgliedern — Gestaltung und Richtung der Thäler — in enger Verbindung: sie bilden zusammen all diejenigen Bedingungen — abgesehen von der eigentlichen Bodenbeschaffenheit — welche ein Thalgebiet für Pflanzen-, Thier- und Menschenansiedelung geeignet oder ungeeignet erscheinen lassen. sie bilden, um es mit wenigen

---

*) Sehr werthvolle Mittheilungen über unser Gebiet finden sich in dem Jahresbericht des Physikalischen Vereins zu Frankfurt für 1884—85. Niederschlagsbeobachtungen in der Umgebung von Frankfurt a. M. nebst einer Regenkarte der Main- und Mittelrheingegend von Dr. Julius Ziegler. Frankfurt a. M. 1886.

Worten auszudrücken, das **geographische Moment** eines jeden Thalgebietes.

Wie nun die Bildung der Thäler nie ohne Rücksicht auf die Gebirge betrachtet werden kann, so wird auch das Klima der Thäler im Anschluss an das der betreffenden Gebirge zu behandeln sein. Für Mitteldeutschland ist der Einfluss der Gebirge auf das Klima sehr eingehend von Assmann*) untersucht worden, dessen Resultate in dem von ihm speziell behandelten Gebiete auch für den Taunus massgebend sind. So ist ganz besonders eine Stelle**) hervorzuheben, wo er bemerkt, dass „der Einfluss der Gebirge auf die Temperatur in den Jahresmitteln deutlich ausgesprochen ist und **sich am schärfsten zeigt in engen Thälern** und gebirgsnahen Niederungen."

Für den Taunus lassen sich danach die klimatischen Verhältnisse aus seiner ganzen Form leicht ableiten: Auf dem südlichen Abhang stärkere Erwärmung bei genügenden Niederschlagsmengen,***) in Folge dessen hohe landwirthschaftliche Erträge. Auf der Höhe der Kette rauhes Klima mit grösseren, wenn auch verhältnissmässig nicht bedeutenden Niederschlagsmengen.****) Der dem Höhenzuge nördlich vorgelagerte Streifen ist gleichfalls rauh; das Gebiet der flachen Abdachung nach Norden, nach der Lahn zu, erscheint jedoch klimatisch günstiger.

Wir haben diese Auseinandersetzungen jetzt auf das Gebiet, von welchem wir ausgingen, auf das Wispergebiet, in aller Kürze anzuwenden. Das Wispergebiet ist in den verschiedenen hier besprochenen Beziehungen sehr · ungünstig gestellt. Bei der von NO g O nach SW g W gehenden Richtung des wichtigsten Theiles des Thales und bei den stark eingeschnittenen

---

*) Forschungen zur deutschen Landes- und Volkskunde. Herausgegeben von Dr. R. Lehmann. I. Bd. 6. Heft: Dr. R. Assmann, der Einfluss der Gebirge auf das Klima von Mitteldeutschland. Stuttgart 1886.

**) l. c. S. 56.

***) Für Wiesbaden beträgt die Summe der Monatsmittel aus den Jahren 1842—85 622.5 mm, für Soden aus den Jahren 1880—85 754.0 mm. Siehe Ziegler SS. 99 und 97.

****) Die Maxima finden sich nach der Ziegler'schen Karte bei Kemel und in der Nähe des Gr. Feldbergs mit circa 800 mm. Bericht aus dem Jahre 1885: Kemel 818.3 und Gr. Feldberg 778.3. Siehe Ziegler SS. 77 und 86.

Formen ist eine genügende jährliche Erwärmung nicht möglich. Feuchte und warme Winde dringen nicht ein: das Wispergebiet liegt in dem oben bezeichneten dem Höhenzuge nördlich vorgelagerten rauhen Streifen. Kräftig weht dagegen in dem Wisperthale der bekannte „Wisperwind", welcher durch die geringe Insolation des engen Hauptthales und der scharf eingeschnittenen zum Theil von Ost nach West ziehenden Seitenthäler im Gegensatze zu dem breiteren und besser erwärmten Rheinthale hervorgerufen wird. Es ist hauptsächlich ein kühler Nachtwind, welcher bis 9 und 10 Uhr morgens anhält. Er führt, dem natürlichen Gefälle des Bodens folgend, die kalte Luft in der Sohle der Thäler abwärts. Bei Tage ist von Berger ein aufsteigender Wind constatirt worden, welcher jedoch wegen seiner geringen Stärke den Bewohnern des Thales unbekannt ist.*) Dass die Insolation des Thalgebietes in der That so gering ist, um eine so bedeutende Luftströmung in den Nacht- und Morgenstunden hervorzurufen, wurde uns an verschiedenen Stellen versichert. So ergaben die Erkundigungen, welche wir in dieser Beziehung angestellt haben,**) dass in Geroldstein, dem einzigen im Wisperthale selbst gelegenen Orte — Wisper liegt ganz am Anfang des dort flachen Thales und Lorch am Ende desselben — die Sonne in das am höchsten gelegene Haus des Dorfes während eines ganzen Monates nicht scheint. Am 2. Februar scheint sie dort zum ersten Male wieder in die Fenster hinein. Das Schulhaus zu Geroldstein, welches nicht nur niedriger, sondern auch näher der süd-östlichen Thalwand steht, trifft die Sonne ungefähr während zweier Monate nicht, die Thalsohle wird also, wie wir danach schätzen können, während anderthalb Monat nicht von der Sonne erreicht. Wir können uns somit leicht vorstellen, dass auch im Hochsommer die Sonne während bestimmter Zeit des Tages die Thalsohle nicht erreicht, und dass bei der übrigen

---

*) Hann, Dr. J., Handbuch der Klimatologie, Stuttgart 1883. S. 200 ff.
**) Genauere Beobachtungen wurden im Laufe des Winters 1887/88 von Herrn Lehrer Herbst in Geroldstein gemacht. Dieser theilte mir u. a. mit, dass Ende November die Sonne auf der Laukenmühle nur 2—3 Stunden scheint, dass sie bei der Kammerberger Mühle und in Geroldstein die Thalsohle am 20. November und bei der Neumühle sogar schon am 13. November verlässt.

im wesentlichen einseitigen Erwärmung das Gesammtresultat der Insolation nur ein unbedeutendes ist.

Die thermischen Verhältnisse der Querthäler und des oberen Aarthales dort, wo es Längsthal ist wie das Wisperthal, sind auf jeden Fall besser. Um hier Schlüsse ziehen zu können — und auf solche sind wir hier angewiesen, da meteorologische Stationen nicht vorhanden sind — wollen wir das Wisperthal mit dem oberen und mittleren Theile des Aarthales vergleichen: mit dem oberen, weil bei gleicher Bodenbeschaffenheit die Richtung und mit dem mittleren, weil bei ebenfalls gleicher Bodenbeschaffenheit die Gestalt (stark eingeschnitten) übereinstimmt. Dieser Vergleich soll sich hier auf den Anbau von Weizen in den betreffenden Gegenden beschränken, da wir nach dem Anbau gerade dieser Fruchtart beurtheilen können, ob die zu vergleichenden Gebiete bei sonst gleichen Verhältnissen klimatisch günstig oder weniger günstig sind.*) In dem ganzen Wispergebiet mit seinen 21 Ortschaften sind mit Winterweizen 1884/85 bestellt gewesen zusammen 144,4 ha.**)

Dagegen wurden in den sechs Gemarkungen Langenschwalbach, Adolfseck, Hohenstein, Michelbach, Born und Lindschied.

*) Dass der Weizen, wie sonst, so auch im Taunus, einen guten Massstab für die Beurtheilung der klimatischen Verhältnisse abgibt, können wir aus einer Uebersicht erkennen, die wir für die Ortschaften des Emsgebietes, von Oberems abwärts bis Würges incl. in Bezug auf Anbau von Weizen angefertigt haben.

Es waren angebaut 1885:

Gemeinde	in Hectar:		mit Weizen in % der angebauten Fläche
	überhaupt	mit Weizen	
Oberems	105,8	0,4	0,12
Wüstems	110,3	1,4	1,27
Niederems (Reinborn)	179,9	2,5	1,39
Esch	356,0	47,0	13,48
Walsdorf	544,6	100,0	18,37
Würges	685,7	145,0	21,15

Die Zahlen bedürfen keiner weiteren Erklärung.

**) Aus der vorstehenden Liste ersehen wir, dass die eine Gemeinde Würges im Emsbachthale 145 ha in demselben Zeitraume angebaut hatte.

welche zu dem Durchbruchsgebiete der Aar durch den Hunsrückschiefer gehören,*) 91,9 ha 1884/85 mit Winterweizen bestellt. Noch auffallender ist der Unterschied gegen das Wisperthal in dem oberen Aarthale (Neuhof, Wehen, Hahn und Bleidenstadt), wo in den Gemarkungen dieser Gemeinden 99 ha mit Winterweizen bebaut waren, so dass also gegenüber der Summe des Anbaues in sämmtlichen 21 Gemeinden des Wispergebietes mit 144,4 ha das obere und mittlere Aarthal mit nur 10 Gemeinden den weit bedeutenderen Anbau von 190,9 ha aufzuweisen hat. Bei sonst gleichen Bedingungen müssen wir diesen Unterschied auf die thermischen Verhältnisse zurückführen: Die Erwärmung des oberen Aarthales ist in Folge seiner morphologischen Verhältnisse und diejenige des Durchbruchthales in Folge seiner Richtung eine günstigere als bei dem Wisperthale.

Wenn wir von gegebenem Klima auf bestimmte Produkte des Pflanzenreichs schliessen können, so ist es auch umgekehrt erlaubt, aus der Pflanzenproduktion einer bestimmten Gegend Schlüsse auf deren Klima zu ziehen. Auf jeden Fall erhalten wir eine deutliche Illustration dieser kurz geschilderten klimatischen Verhältnisse, wenn wir die in dem Wispergebiet geernteten Früchte mit denen der andern Thalgebiete vergleichen. Es wird dadurch zugleich die landwirthschaftliche Wichtigkeit einer jeden Gegend deutlich hervortreten.

Ich lasse zunächst die Liste**) der in den sieben Thalgebieten

---

*) Es sind nur die im Hauptthale selbst, bezüglich in dessen nächster Nähe belegenen Ortschaften genommen.
**) Die Erlaubniss zur Benutzung der Registratur der Kgl. Regierung zu Wiesbaden verdanke ich der Güte des Herrn Ober-Regierungsrathes Mollier. Die statistischen Erhebungen in Betreff des Obstbaues liegen bei der Königl. Regierung im Original aufbewahrt. So war es mir möglich, das Material, welches das Obsterträgniss eines jeden Ortes des Regierungsbezirks Wiesbaden enthält, nach Thalgebieten geordnet zusammenzustellen.
Die Zusammenstellung des Ernte-Ertrages der Wurzel-, Hülsen- und Körnerfrüchte nach Thalgebieten wurde mir ermöglicht durch die mit Genehmigung des Herrn Ministers des Innern erfolgte Ueberlassung einer Abschrift der Erhebungsformulare in den zu unserem Bezirk gehörigen Ortschaften, für deren Mittheilung ich auch an dieser Stelle dem Direktor des statistischen Amtes, Herrn Geheimen Regierungsrath Blenk, meinen Dank aussprechen muss.

in dem Jahre 1885*) geernteten Obstfrüchte folgen, nach welcher man schon die Güte der einzelnen Gebiete beurtheilen kann. Zugleich werden oben aufgestellte Behauptungen durch diese Ziffern bestätigt.

Obsternte des Jahres 1885 (in Kilogramm) nach Thalgebieten geordnet.

Thalgebiete	Aepfel	Birnen	Zwetschen	Kirschen	Wallnüsse
1. Ems .	180 229	266 173	25 910	640	930
2. Aar	206 610	118 480	10 482	1 690	488
3. Schwarzbach .	127 139	62 165	29 950	890	4 650
4. Dörsbach .	134 200	35 775	4 160	1 625	1 300
5. Mühlbach . .	130 090	34 190	8 705	1 450	990
6. Weil . .	104 890	43 755	7 415	4 655	1 710
7. Wisper . .	33 805	13 267	5 280	3 770	2 825

Die Reihenfolge stimmt mit derjenigen, welche wir bei der Bevölkerungsdichte**) gefunden haben, merkwürdig überein: nur Weil und Mühlbach haben ihre Stellungen unter einander vertauscht; die Differenz ist jedoch nicht erheblich zu nennen. Was für uns als das Wichtigste erscheint, ist der Punkt, dass das Wisperthal mit seiner Obstproduktion***) so sehr den anderen Thalgebieten nachsteht. Das Wisperthal steht mit dem Köpperner Thal (auf der oben angegebenen Strecke) nicht nur hinsichtlich der Frühjahrswärme, sondern auch überhaupt im Jahresdurchschnitt der Wärme offenbar hinter den anderen Gebieten zurück, wodurch also die geringe Obstproduktion hinreichend erklärt wird, die nun ihrerseits auch zur Erklärung der übrigen Verhältnisse dient.

---

*) Die Berichte für das Jahr 1886 lagen auch schon vor, doch wurde das Jahr 1885 gewählt, weil es einerseits schon oben bei der Volkszählung genommen ist und weil es andererseits gleichmässiger war als das folgende Jahr, in welchem einzelne Gegenden durch Hagelschlag ganz bedeutend gelitten haben. Die Ordnung der Gebiete erfolgte nach ihrer Gesammtproduktion.

**) Siehe S. 38.

***) Dass das Wisperthal trotzdem von sämmtlichen Thalgebieten die zweitgrössten Mengen an Kirschen und den in Bezug auf Witterung noch empfindlicheren Wallnüssen liefert, ist auf die Einrechnung der Gemarkung Lorch a. Rh. (Siehe S. 39 f.) zum Wispergebiet zurückzuführen.

Schliesslich sei noch die Reihenfolge der Gebiete mitgetheilt für den Fall, dass die Gesammtproduktion an Obst auf den Quadratkilometer berechnet wird:
1. Emsthal,
2. Dörsbachthal,
3. Schwarzbachthal,
4. Aarthal,
5. Mühlbachthal,
6. Weilthal,
7. Wisperthal.

Die Ziffern, welche diese Reihenfolge begründen, hierher zu setzen, halten wir nicht für wichtig genug; es mag nur noch gesagt sein, dass in dieser Liste die Produktion des Emsgebietes auf dem qkm das Fünffache derjenigen des Wispergebietes auf derselben Fläche beträgt.

Um eine genaue Ordnung der sieben Thalgebiete nach den Produkten des Ackerbaues aufzustellen, müssten die geernteten kg der verschiedenen Fruchtarten mit ihrem Werthe in Mark angesetzt werden, so dass man die Gesammtleistung eines Thalgebietes also in Geldwerth ausgedrückt hätte. Diese Ausrechnung stösst jedoch auf Schwierigkeiten, welche dieselbe geradezu unmöglich machen. Nach der Ansicht Sachverständiger geht es nicht an, für eine bestimmte Fruchtart, sagen wir z. B. Winterroggen, einen Durchschnittspreis anzusetzen, da der Preis oder Werth desselben nicht nur nach der Qualität, sondern auch je nach den Verhältnissen des Absatzes oder des eigenen Konsums ganz bedeutend schwankt. Sollte eine solche Uebersicht angefertigt werden, so müsste für jeden einzelnen Ort unter Berücksichtigung der angegebenen Punkte der Werth einer Fruchtproduktion in Geldwerth berechnet werden, eine Arbeit, deren Resultat sicher nicht der aufgewandten Mühe werth sein würde. Wir lassen daher die Zahlen, welche wir für die Ernte in Kilogramm der einzelnen Fruchtarten geben, für sich selbst sprechen. Um aber doch eine bestimmte Ordnung herbeizuführen, ist berechnet worden, wie viel Procent angebautes Land — Wiesen eingeschlossen — jedes Thalgebiet enthält. Auch hier steht Emsgebiet an erster und Wispergebiet an letzter Stelle. Die Ordnung der Thalgebiete in dieser Beziehung ist folgende:

— 48 —

Thalgebiete	Grösse in qkm	Davon sind angebaut qkm	Bebautes Land in %
1. Ems	298	167,76	56,29
2. Aar	305	151,16	49,56
3. Weil	214	105,73	49,41
4. Mühlbach	186	89,78	48,27
5. Dörsbach	131	61,75	47,14
6. Schwarzbach	135	59,92	44,38
7. Wisper	206	44,65	21,68

In dieser Reihenfolge stellt sich der Ernteertrag für 1885 auf folgende in kg ausgedrückte Summen:

Thalgebiete	Winterweizen		Winterroggen		Sommergerste	
	Körner	Stroh	Körner	Stroh	Körner	Stroh
1. Ems	2 125 037	3 281 126	3 139 865	6 099 697	1 902 545	2 214 459
2. Aar	1 626 733	2 948 710	2 187 900	4 478 025	1 060 507	1 174 131
3. Weil	475 746	818 861	1 550 183	3 769 817	532 116	706 359
4. Mühlbach	898 200	1 644 335	944 255	2 278 315	261 261	284 992
5. Dörsbach	577 330	1 206 300	949 069	2 306 660	205 188	229 420
6. Schwarzbach	871 217	1 141 796	877 848	1 926 042	601 004	626 708
7. Wisper	141 978	228 330	792 922	1 681 520	38 722	40 790

Thalgebiete	Hafer		Hülsenfrüchte		Kartoffeln
	Körner	Stroh	Körner	Stroh	
1. Ems	4 253 415	4 570 455	141 967	164 013	20 026 785
2. Aar	3 232 450	3 702 615	115 126	107 164	12 911 430
3. Weil	1 872 245	2 215 148	53 730	91 114	8 919 780
4. Mühlbach	2 236 784	2 459 720	22 483	18 588	6 563 075
5. Dörsbach	1 741 860	1 999 090	24 051	29 217	5 268 445
6. Schwarzbach	1 780 930	1 918 820	8 479	59 335	5 445 170
7. Wisper	915 930	936 110	14 257	9 278	2 813 650

Thalgebiete	Rüben	Raps	Kleesamen	Klee u. andere Futterarten	Wiesenheu
1. Ems	8 063 541	40 672	8 783	3 409 605	5 677 378
2. Aar	6 242 558	39 149	6 451	3 785 995	6 124 506
3. Weil	3 592 219	65 651	2 626	1 361 731	5 949 145
4. Mühlbach	4 041 660	37 366	4 972	1 589 587	3 338 992
5. Dörsbach	1 923 441	34 157	5 603	1 271 917	2 309 245
6. Schwarzbach	5 201 390	27 010	5 432	1 438 155	2 579 715
7. Wisper	648 170	35 195	3 049	679 610	1 439 000

In den vorstehenden Mittheilungen haben wir gesehen, welche Bedeutung die Thäler des Taunus für die Ansiedelung in dem ganzen Gebiete uns zeigten. Wir können daran noch einen Punkt von allgemeiner Wichtigkeit zu näherer Betrachtung anschliessen: die Untersuchung nämlich über die Thäler in ihrer Beziehung auf den Verkehr, d. h. in wiefern sie die Verkehrswege bedingt oder veranlasst haben.

Während in jetziger und früherer Zeit im allgemeinen die Thäler die Richtung der Verkehrswege angeben und angegeben haben, verhielt es sich bei dem Taunus fast bis in unsere Tage ganz anders: im Taunusgebiete hielten sich die alten Strassen meist auf der Höhe der einzelnen Gebirgszüge, sie folgten mit Vorliebe der Wasserscheide. Hiervon einige Beispiele: Die alte Strasse von Wiesbaden nach Limburg — die Verbindung der wichtigsten Südtaunusstadt mit der Centralstadt der unteren Lahn — überschreitet den Taunus bei der „Platte" in einer Höhe von 500,3 m, während sie bei der Benutzung des Adamsthales nur einen Pass von 438,7 m zu übersteigen hatte. Ausser dem genannten Thale wäre dann noch Esch- und Aarthal benutzt worden. Andererseits hätte die Strasse auch durch die Einsenkung bei Niedernhausen führen können, in welcher jetzt die Eisenbahn Wiesbaden-Limburg in einer Höhe von 349,6 m über das Gebirge geht. In ihrer Fortsetzung — also von der Platte ab bis nach Limburg — hält sich dann die alte Strasse fast genau auf der Wasserscheide zwischen Aar und Emsbach. Ein weiteres Beispiel bildet die alte Strasse von Wiesbaden nach Langenschwalbach — schon früh durch seine Quellen bekannt — und von da nach Nassau a. d. Lahn. Sie überschreitet den Taunusrücken geradezu ausgesucht hoch bei der „Hohen Wurzel" ungefähr 565 m über dem Meeresspiegel. Die neue Strasse, welche die beiden Kurstädte mit einander verbindet, geht in der Höhenlage von circa 424 m bei der „Eisernen Hand" über das Gebirge und benutzt dann das Aarthal von Hahn aus abwärts. Im weiteren Verlauf von Langenschwalbach ab folgt die alte Strasse der Wasserscheide zwischen Aar und Dörsbach einerseits und Wisper und Mühlbach andererseits. Als drittes und interessantestes Beispiel wollen wir die Verbindung Wiesbadens mit Idstein, dem alten Sitze der

Fürsten von Nassau-Idstein, anführen. Die älteste*) Strasse suchte sich den direkten Weg über den „Trompeter" in einer Höhe von 536,7 m bei dem „Steinhaufen" und etwas über 565 m bei „Hohewald". Später wurde die Strasse über die Platte benutzt in der schon angegebenen Höhe von 500,3 m. Dann ging der Verkehr über die „Eiserne Hand" und durch das obere Aarthal aufwärts, bei welcher Route die bedeutendste Erhebung der Strasse, wie gleichfalls schon angedeutet, nur circa 424 m hoch liegt. Und jetzt ist Wiesbaden mit Idstein durch eine Bahn verbunden, die bei Benutzung der Thäler das Gebirge in der Einsenkung von Niedernhausen in der Höhe von 350 m übersteigt.

Noch weitere Beispiele finden wir bei Hammeran in seiner Urgeschichte von Frankfurt a. M.**) Als einzige Strasse aus vorrömischer Zeit gibt er auf seiner Karte (nicht im Text des betr. Werkes) den Weg von Homburg nach dem Bleibeskopf an, welcher genau auf der Wasserscheide zieht.

Andere Strassen der Germanen mögen in den Thälern gezogen sein, denn „der Germane setzt seine Wohnstätten gerne an die Flüsse und Bäche".***) „Die Germanen wohnen nicht auf den Bergen, sondern im Thal und die ältesten Dorf-Anlagen sind in der Ebene zu finden, wenn nicht gerade das Land ein gebirgiges ist wie in Schwaben und der Schweiz; selbst dort bewohnen sie die Thäler des Gebirgslandes. Spät erst, im Mittelalter, ziehen es Einzelne des Volkes, die Adelinge und Ritter, vor, zu eigener Sicherheit ihre Wohnsitze auf den Bergen zu nehmen und mit Mauern und Thürmen zu bewehren."†)

---

*) Nach Rossel, „Die römische Grenzwehr im Taunus", ist diese Strasse, sowie die von uns zuerst angegebene Strasse Wiesbaden-Limburg bereits 812 bekannt. Erstere führt den Namen „Siebenkippelstrasse" oder „Werisdorffer Strasse" (nach Werisdorf, dem heutigen Wörsdorf), letztere den Namen „Buobenheimer Strasse" (nach Bubenheim, dem heutigen Kirberg). Die Namen finden sich in der Urkunde, in welcher Richolf, Erzbischof von Mainz, die Mark der Kirche des H. Ferrutius in Blidenstat beschreibt: — inde usque ad Furseusole, inde ad Buobenheimer strasse, inde usque ad Phal et circum Phal usque ad Werisdorffer strasse, inde ad Brunhildenstein.

**) Hammeran, Dr. A., Urgeschichte von Frankfurt a. M. und der Taunus-Gegend. (In XIII. Jahresversammlung der deutschen anthropologischen Gesellschaft. 1882.)

***) l. c. S. 4.

†) l. c. S. 5.

Die Römer suchten dagegen bei Anlage ihrer Strassen, die wesentlich strategischen Bedürfnissen dienen sollten,*) die Höhe auf und benutzten sogar die hügeligen Erhebungen der südlich dem Taunus vorgelagerten Mainebene mit grossem Scharfblicke. Von den zu unserem Gebiete gehörigen und bekannten Römerstrassen zieht nur eine einzige durch ein Thal:**) die Strasse, welche das Castell an der „Lochmühle" am Limes mit Köppern verbindet, benutzt das Köpperner Thal. Alle anderen folgen den Höhenzügen oder treten nur bei dem Durchqueren der Thäler in die letzteren ein. Einige dieser Strassen mögen hier erwähnt sein:

Elisabethenstrasse: Castel-Praunheim. In ihrer Fortsetzung nach Okarben:

Steinstrasse, alte Mainzerstrasse, hohe Strasse genannt.***)

Heerstrasse: Weisskirchen-Obererlenbach-Peterweil.

Heddernheim-Saalburg: Schnurgerade.

Pflasterweg im Taunus: Heddernheim-Feldbergkastell. Hätte ganz gut dem Urselbachthale folgen können, zieht aber über den Bergrücken.

Sechs Parallelstrassen, welche in der Gegend von Homburg nach dem Limes ziehen. (Es sind alle Höhenstrassen, bis auf die eine oben erwähnte Köpperner Thalstrasse).

In der Jetztzeit spielen die Thäler eine wichtigere Rolle. Trotzdem haben von den grösseren Thälern des Taunus — wir sehen ab von den umgebenden Thälern — zwei bis jetzt noch keine Veranlassung zur Anlage von Fahrstrassen gegeben: das Dörsbachthal und das Mühlbachthal, beide in ihrem unteren Theile. Dieselben sind dort so eng, dass sich ganze Strecken weit nicht die geringsten Alluvionen finden: zu beiden Seiten des Flusslaufes steigen die Thalwände steil empor, so dass, wie wir bei Betrachtung der Ansiedelung der Thäler sahen, sich hier nicht das kleinste Dorf entwickeln konnte.

Die übrigen Hauptthäler, also Schwarzbach-, Wisper-, Weil-, Ems- und Aarthal, dienen mit ihren zum Theil neu

---

*) l. c. S. 11.
**) l. c. S. 24 und 25.
***) l. c. S. 25: Urkundlich wird die Strasse 1324 als „strata Moguntina" erwähnt. Boehmer, cod. dipl. Moeno-Francof. I, 476.

angelegten Landstrassen als wichtige Verkehrsadern des ganzen Taunusgebietes.

In einzelnen Thälern haben in neuester Zeit die Eisenbahnen den Verkehr übernommen, in anderen Thälern steht ihre Anlage bevor. Benutzt von Eisenbahnen sind bis jetzt das Aarthal, Schwarzbachthal, Wörsbach- und Emsthal. Die Aarbahn erschliesst als Sackbahn nur den unteren Theil des Aarthales, indem sie gerade diese in Bezug auf landwirthschaftliche Produktion und mineralogische Schätze reichste Gegend des Thales mit ihrem Marktorte — Diez a. d. Lahn — bezüglich mit der Lahnbahn verbindet. Vielleicht erfährt diese Bahn später noch ihren vollständigen Ausbau nach dem mittleren und oberen Aarthale, um dann von dort nach Wiesbaden überzugehen. Es ist nämlich bereits eine Bahn von Wiesbaden nach Langenschwalbach — die wesentlich den Kurinteressen der letztgenannten Stadt dienen soll — genehmigt und abgesteckt, und zwar in der Weise, dass die Bahn die obengenannte Einsenkung bei der „Eisernen Hand" (424 m) benutzt und dann etwas unterhalb Hahn in das Aarthal eintritt, also da, wo jetzt die neue Strasse Wiesbaden-Langenschwalbach in das Aarthal mündet. Die Bahn ist als Sackbahn projektirt, würde jedoch eine grössere Bedeutung noch erlangen, wenn ihr Endpunkt Langenschwalbach mit dem Endpunkt Zollhaus von der anderen Sackbahn verbunden und hierdurch also eine einheitliche Aarthalbahn geschaffen würde.

Von fertig gestellten Bahnen, welche den Taunus überschreiten, gibt es bis jetzt nur eine oder — wenn man will — zwei: die Linie Frankfurt-Limburg, bezüglich Wiesbaden-Limburg, welche insofern als eine Bahn aufzufassen wären, als sie gemeinschaftlich dieselbe Einsenkung im Gebirge benutzen.

Die Bahn Frankfurt-Limburg führt zunächst durch die Mainebene in ähnlicher Weise wie die Taunusbahn; dann wendet sie sich da, wo sie den Schwarzbach trifft, dem Thale desselben zu und bleibt in diesem, beziehungsweise in einem Seitenthale bis etwas oberhalb Nieder-Seelbach, tritt dann bei der genannten Einsenkung von 349,6 m gerade bei der Quelle des Wörsbaches in dessen Thal ein, in welchem sie bis Hof Henriettenthal — unterhalb Wörsdorf — bleibt. Dort verlässt sie das Wörsbachthal, um das in seinem unteren Theile besser besiedelte

Emsthal zu benutzen, in welches sie bei Würges nach Uebersteigung der Wasserscheide zwischen beiden Thälern in einer Höhe von circa 264 m gelangt. An diese Bahnlinie schliesst sich die Strecke Wiesbaden - Limburg in der Weise an, dass dieselbe nach bedeutender Curve bei Wiesbaden das Thal des Waschbaches benutzt, dann in das von Auringen kommende Thal, darauf in das Medenbachthal und schliesslich mittelst 250 m langen Tunnels in einer Höhe von 301,3 m zu dem Daisbachthal übergeht, einem Seitenthal des Schwarzbachthales, welches sonst auch noch als Schwarzbachthal selbst bezeichnet wird. Hier verbindet sich die Bahn kurz oberhalb Niedernhausen mit der von Frankfurt kommenden Linie, deren Fortsetzung nach Limburg bereits angegeben ist.

Wir haben in Vorstehendem einen Versuch gemacht, die morphologischen Verhältnisse der Taunusthäler zusammenhängend darzustellen und im Anschluss daran die Bedeutung der einzelnen Thäler für den Menschen nachzuweisen. Wir dürfen wohl annehmen, dass im Grossen und Ganzen die grössere oder geringere Wichtigkeit des einen oder des anderen Thalgebietes für menschliche Ansiedelungen, für landwirthschaftliche Produkte und für den Verkehr auf die richtigen Bedingungen zurückgeführt ist. Wenn dabei auch Bekanntes wiederholt worden ist, so wurde es doch hier zum ersten Male ziffermässig festgelegt und zusammengestellt.

Lebenslauf.

Karl Oppermann, Sohn des im Jahre 1888 verstorbenen Königl. Amtmanns August Oppermann, wurde geboren zu Wied-Selters am 25. Februar 1857, besuchte das Königl. Gymnasium zu Hadamar von 1869—72 und das Königl. humanistische Gymnasium zu Wiesbaden von 1872 bis Ostern 1876. Von da an studirte er in Strassburg, Bonn und Marburg Naturwissenschaften und besuchte die Vorlesungen bez. die Laboratorien und Seminarien der Herren Professoren de Bary, Bergmann, Christoffel, Clausius, Theob. Fischer, Fittig, Goette, Groth, Jacobsthal, Kundt, Liebmann, vom Rath, Reye, Roentgen, Rose, Schimper, Oscar Schmidt, Winnecke und Zincke. Im Winter-Semester 1880/81 absolvirte er zu Marburg das Examen pro facultate docendi, war von Ostern 1881 bis Ostern 1882 Probekandidat an der Realschule zu Wiesbaden, von Ostern 1882 bis Michaelis 1884 wissenschaftlicher Hülfslehrer am Königl. humanistischen Gymnasium daselbst und hat seit letztgenanntem Zeitpunkt eine ordentliche Lehrerstelle an der Humboldtschule zu Frankfurt (Main) inne.

Den genannten Herren Professoren bin ich zu grossem Dank verpflichtet, nicht weniger aber auch dem erst nach meiner Studienzeit nach Marburg berufenen Herrn Professor Dr. Kayser, welcher mich durch seinen Rath unterstützte.

Für die mühsame Revision des handschriftlichen Ziffernmaterials und der späteren Druckkorrektur spreche ich meinem Kollegen Herrn J. Kreuscher an dieser Stelle meinen besten Dank aus.

Erklärung der Profile.

I. Aarthal.
1. 400 m unterhalb der Quelle. NO-SW.
2. Direkt oberhalb Wehen. NNW-SSO.
3. „   „   Hähnches Mühle. NNW-SSO.
4. Durch Hohenstein. NO-SW.
5. Zwischen Rückershausen und Hausen. O-W.
6. Unterhalb Zollhaus. O-W.

II. Dörsbachthal.
1. Durch Huppert. ONO-WSW.
2. Gerade unterhalb Reckenroth. O-W.
3. Durch Dörsdorf. ONO-WSW.
4. „ Ergeshausen. NNW-SSO.
5. Gerade unter Jammerthalsmühle. NO-SW.
6. Durch Attenhausen. NW-SO.
7. „   „   ONO-WSW.

III. Emsthal.
1. Direkt unterhalb der Quelle. NO-SW.
2. Unterhalb Oberems. NO-SW.
3. „ Wüstems, durch die „Burg". NNO-SSW.
4. Oberhalb Esch. NO-SW.
5. Direkt unterhalb Esch. NO-SW.
6. Oberhalb Würges. ONO-WSW.

IV. Mühlbachthal.
1. Durch die Quelle. ONO-WSW.
2. Unterhalb Strüth. ONO-WSW.
3. Durch Hof Schwall. ONO-WSW.
4. Zwischen Nastätten und Miehlen. ONO-WSW.
5. „ Käs- und Diehlemühl.· O-W.
6. Ueber △ „Alte Burg". ONO-WSW.
7. Oberhalb Langenauer Mühle. ONO-WSW.

V. Schwarzbachthalgebiet.
1. Durch Cröftel. N-S.
2. Fischbach, Rossert-Staufen. NNW-SSO.
3. Goldbach, durch Atzelberg. ONO-WSW.
4. „   „   Vockenhausen. ONO-WSW.
5. Direkt unterhalb der Vereinigung von Fisch- und Goldbach, durch den Staufen. ONO-WSW.
6. Durch Gräckmannsmühle. ONO-WSW.

VI. Wisperthal.
1. Durch 1440' Sohle. WNW-OSO.
2. „ 1200' Sohle. WNW-OSO.
3. Oberhalb Springer Mühle. WNW-OSO.
4. Oberhalb der Greibinger Mühle. O-W.
5. Unterhalb Geroldstein. NNW-SSO.
6. „ Kammerburg. Nach der Karte steilste Gehänge. WNW-OSO.

Mühlbachthal bei der „Alte Burg".

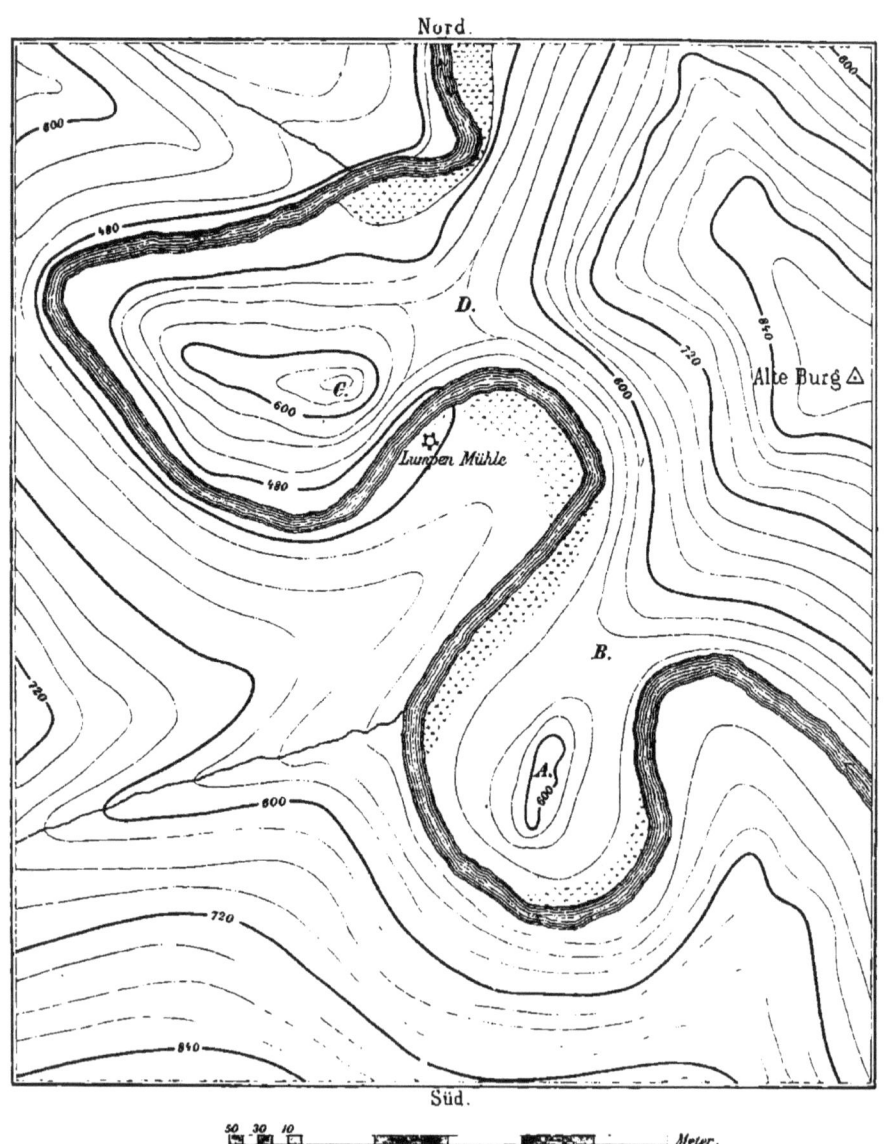

Maasstab 1:5000.

Die Zahlen bezeichnen die Höhen in Preuss. Duodec. Fuss (1 F.= 0,31385 m).

Ausgeführt bei L. Ravenstein, Frankfurt a/M.